高等职业教育数字商务高水平专业群系列教材
编写委员会

总主编
张宝忠　浙江商业职业技术学院原校长
　　　　全国电子商务职业教育教学指导委员会副主任委员

执行总主编
王　慧　浙江同济科技职业学院

副总主编
吴洪贵	江苏经贸职业技术学院	陈　亮	江西外语外贸职业学院
张枝军	浙江商业职业技术学院	金渝琳	重庆工业职业技术学院
景秀眉	浙江同济科技职业学院	王庆春	昆明冶金高等专科学校
曹琳静	山西职业技术学院	徐林海	南京奥派信息产业股份公司

编　委（按姓氏拼音排序）

陈　宏	黑龙江建筑职业技术学院	毛卓琳	江西外语外贸职业学院
陈煜明	上海电子信息职业技术学院	孟迪云	湖南科技职业学院
顾玉牧	江苏航运职业技术学院	宋倩茜	潍坊工程职业学院
关善勇	广东科贸职业学院	童晓茜	昆明冶金高等专科学校
胡晓锋	浙江同济科技职业学院	王斐玉	新疆能源职业技术学院
皇甫静	浙江商业职业技术学院	王　皓	浙江同济科技职业学院
蒋　博	陕西职业技术学院	魏　顿	陕西能源职业技术学院
金玮佳	浙江同济科技职业学院	吴　凯	绍兴职业技术学院
李晨晖	浙江同济科技职业学院	余　炜	杭州全新未来科技有限公司
李洁婷	云南交通职业技术学院	张栩菡	浙江同济科技职业学院
李　乐	重庆工业职业技术学院	张宣建	重庆交通职业学院
李　喜	湖南商务职业技术学院	张雅欣	山西职业技术学院
李　瑶	北京信息职业学院	张子扬	浙江同济科技职业学院
李英宣	长江职业学院	赵　亮	武汉船舶职业技术学院
刘　丹	武汉外语外事职业学院	赵　琼	广东科贸职业学院
刘　红	南京城市职业学院	郑朝霞	赤峰工业职业技术学院
林　莉	南充职业技术学院	周　聪	浙江同济科技职业学院
刘婉莹	西安航空职业技术学院	周　蓉	武汉职业技术大学
柳学斌	上海中侨职业技术大学	周书林	江苏航运职业技术学院
卢彰诚	浙江商业职业技术学院	周月霞	杭州新雏鹰知识产权代理有限公司
陆春华	上海城建职业学院	朱林婷	浙江商业职业技术学院
罗天兰	贵州职业技术学院	朱柳栓	浙江商业职业技术学院

高等职业教育数字商务高水平专业群系列教材

总主编：张宝忠

直播电商运营

主　编／王　慧　王　皓
副主编／王斐玉　卢灵丽　李海波　张雅欣
参　编／辛如镜　甘雪梅　柳学斌

华中科技大学出版社
http://press.hust.edu.cn
中国·武汉

内 容 提 要

本书以培养学生的直播电商运营技能为核心，以直播电商的整体运营流程为导向，通过知识讲解、案例分析以及技能锻炼，帮助学生快速掌握直播电商运营的筹备、主播孵化、策划、选品与定价、实施、复盘的方法和技巧，掌握直播电商运营的方法与流程。本书以工作过程为导向，采用项目式教学的方式组织内容，每个项目均来源于企业的典型案例。本书包括8个项目，每个项目均由学习目标、工作场景与要求、任务、项目实训、学习效果测评等模块组成。全书内容深入浅出，通俗易懂。

图书在版编目（CIP）数据

直播电商运营 / 王慧, 王皓主编. -- 武汉：华中科技大学出版社, 2024. 6. -- (高等职业教育数字商务高水平专业群系列教材). -- ISBN 978-7-5772-0928-9

Ⅰ. F713.365.2

中国国家版本馆 CIP 数据核字第 2024L42Z25 号

直播电商运营
Zhibo Dianshang Yunying

王 慧 王 皓 主编

策划编辑：	宋 焱　张馨芳
责任编辑：	江旭玉
封面设计：	廖亚萍
责任校对：	张汇娟
责任监印：	周治超
出版发行：	华中科技大学出版社（中国·武汉）　电话：（027）81321913
	武汉市东湖新技术开发区华工科技园　邮编：430223
录　　排：	华中科技大学出版社美编室
印　　刷：	湖北新华印务有限公司
开　　本：	787mm×1092mm　1/16
印　　张：	13.75　　插页：2
字　　数：	321千字
版　　次：	2024年6月第1版第1次印刷
定　　价：	49.80元

本书若有印装质量问题，请向出版社营销中心调换
全国免费服务热线：400-6679-118　竭诚为您服务
版权所有　侵权必究

网络增值服务

使用说明

欢迎使用华中科技大学出版社人文社科分社资源网

 教师使用流程

（1）登录网址：https://bookcenter.hustp.com/index.html（注册时请选择教师身份）

注册 → 登录 → 完善个人信息 → 等待审核

（2）审核通过后，您可以在网站使用以下功能：

浏览教学资源　建立课程　管理学生　布置作业　查询学生学习记录等

 学员使用流程

（建议学员在PC端完成注册、登录、完善个人信息的操作）

（1）PC端学员操作步骤

① 登录网址：https://bookcenter.hustp.com/index.html（注册时请选择学生身份）

注册 → 完善个人信息 → 登录

② 查看课程资源：（如有学习码，请在"个人中心—学习码验证"中先验证，再进行操作）

首页课程 → 课程详情页 → 查看课程资源（选择课程）

（2）手机端扫码操作步骤

手机扫码 → 登录 → 查看课程资源 / 注册

如申请二维码资源遇到问题，可联系编辑宋焱：15827068411

总 序

以数字经济为代表的新经济已经成为推动世界经济增长的主力军。数字商务作为先进的产业运营方法,以前沿、活跃、集中的表现方式,助推数字经济快速增长。在新的发展时期,我国数字商务的高速发展能有效提升产业核心竞争力,对我国经济的高质量发展有重要的意义。在此背景下,数字商务职业教育面临愈加复杂和重要的育人育才责任。

(一)新一代信息技术推动产业结构快速迭代,数字经济发展急需数字化人才

职业教育最重要的特质与属性就是立足产业与经济发展的需求,为区域经济转型和高质量发展提供大量高素质技术技能人才。以大数据、云计算、人工智能、区块链和5G技术等为代表的新一代信息技术全方位推动整个社会产业经济结构由传统经济向数字经济快速迈进。数字经济已经成为推动世界经济增长的主力军。

产业数字化是数字经济中占比非常大的部分。在产业数字化中,管理学和经济学领域的新技术、新方法、新业态、新模式的应用带来了较快的产业增长和效率提升。过去十年,中国数字经济发展迅速,增长速度远远高于同期GDP增长率。

持续发展的通信技术、庞大的人口基数、稳固的制造业基础以及充满活力的巨量企业是中国数字经济持续向好发展的基础与保障,它们使得中国数字经济展现出巨大的增长空间。数字经济覆盖服务业、工业和农业各领域,企业实现数字化转型成为必要之举,熟悉数字场景应用的高素质人才将成为未来最为紧缺的要素资源。因此,为企业培养和输出经营、管理与操作一线人才的职业教育急需做出改变。

(二)现代产业高质量发展,急需明确职业教育新定位、新目标

2019年以来,人力资源和社会保障部联合国家市场监督管理总局、国家统计局正式发布一批新职业,其中包括互联网营销师、区块链工程技术人员、信息安全测试员、在线学习服务师等市场需求迫切的38个新职业。这些新职业具有明确的培养目标和课程体系,对培养什么样的人提出了明确的要求。

专业升级源自高质量发展下的产业升级。在全球数字化转型的背景下，如何将新一代信息技术与专业、企业、行业各领域深度融合，对新专业提出了新要求。2021年3月，教育部印发了《职业教育专业目录（2021年）》。该专业目录通过对接现代产业体系，主动融入新发展格局，深度对接新经济、新业态、新技术、新职业。同时，新专业被赋予新内涵、新的一体化知识体系、新的数字化动手能力，以有效指导院校结合区域高质量发展需求开设相关专业。

具备基本的数字经济知识将成为职业院校培养高素质技术技能人才的基本要求。职业院校要运用新一代信息技术，通过知识体系重构向学生传授数字化转型所需要的新知识；要学习大数据、云计算、人工智能、区块链、5G等新技术，让学生适应、服务、支持新技术驱动的产业发展；要与时俱进地传授数字技能，如数据采集与清洗、数据挖掘与分析、机器人维修与操作、数字化运营、供应链管理等，因为学生只有具备数字技能，才能在未来实现高质量就业。

为什么要在这个时间节点提出"数字商务专业群建设"这一概念，而不是沿用传统的"电子商务专业群建设"概念？可以说，这是时代的需要，也是发展的选择。电子商务是通过互联网等信息网络销售商品或者提供服务的经营活动，它强调的是基于网络；而数字商务是由更新颖的数字技术，特别是将大数据广泛应用于商务各环节、各方面形成的经营活动，它强调的是基于数据。

1.数字商务包括电子商务，其内涵更丰富，概念更宽广

商务部办公厅于2021年1月发布的《关于加快数字商务建设 服务构建新发展格局的通知》，将电子商务理解为数字商务最前沿、最活跃、最重要的组成部分。数字商务除了电子商务外，还包括电子政务、运行监测、政府储备、安全监督、行政执法、电子口岸等与商务相关的更广泛的内容。

2.数字商务比电子商务模式更新颖

无论是实践发展还是理论的流行，数字商务都要比电子商务晚一些。数字商务是电子商务发展到一定阶段的产物，是对电子商务的进一步拓展。这种拓展不是量变，而是带有质变意义的新的转型与突破，可以带来更新颖的商务模式。

3.数字商务更强调新技术，特别是大数据赋能

上述新颖的商务模式是由5G、物联网、大数据、人工智能、区块链等较为新颖的技术及其应用，特别是大数据的应用催生的。数据驱动着更前沿的数字技术广泛应用于实体经济中商务活动的各环节、各方面，可以进一步突破先前电子商务的边界，包括打破数字世界与实体世界的边界，使数字技术更深入地融入实体经济发展。

4.数字商务更强调数字技术跨领域集成、跨产业融合的商务应用

相比电子商务,数字商务不仅包括基于互联网开展的商务活动,而且将数字化、网络化的技术应用延展到商务活动所连接的生产与消费两端;不仅包括电子商务活动的直接关联主体,而且凭借物联网等技术延展到相关的客体以及与开展商务活动相关的所有主体和客体,其主线是产商之间的集成融合。这种跨界打通产供销、连接消费和生产、关联服务与管理的应用,是数字商务提升商务绩效的基础。

5.数字商务结合具体的应用场景,更深度地融入实体经济

与电子商务相比,数字商务是更基于应用场景的商务活动,在不同的产业应用场景之下,以多种数字技术实现的集成应用具有不同的内容与形式。实际上,这正是数字商务更深度地融入实体经济的体现。换个角度来理解,如果没有具体应用场景的差别,在各行各业各种条件之下数字技术的商务应用都是千篇一律的,那么,商务的智能化也就无从谈起。从特定角度来看,数字商务的智能化程度越高,就越能灵敏地反映、精准地满足千差万别的应用场景下不同经济主体的需要。

大力发展数字商务,不断将前沿的数字技术更广泛、更深入地应用于各种商务活动,必将进一步激发电子商务应用的活力和功效,不断推动电子商务与数字商务的整体升级。更重要的是,范围更广、模式更新的数字商务应用,必将为自电子商务应用以来出现的商务流程再造带来新的可能性,从而为商务变革注入新的发展动能。

本系列教材的理念与特点是如何体现的呢?专业、课程与教材建设密切相关,我国近代教育家陆费逵曾明确提出"国立根本在乎教育,教育根本实在教科书",由此可见,优秀的教材是提升专业质量和培养专业人才的重要抓手和保障。

第一,现代学徒制编写理念。教材编写内容覆盖企业实际经营过程中的整个场景,实现教材编写与产业需求的对接、教材编写与职业标准和生产过程的对接。

第二,强化课程思政教育。教材是落实立德树人根本任务的重要载体。本系列教材以《高等学校课程思政建设指导纲要》为指导,推动习近平新时代中国特色社会主义思想进教材,将课程思政元素以生动的、学生易接受的方式充分融入教材,使教材的课程思政内容更具温度,具有更高的质量。

第三,充分体现产教融合。本系列教材主编团队由全国电子商务职业教育教学指导委员会委员,以及全国数字商务(电子商务)学院院长、副院长、学科带头人、骨干教师等组成,全国各地优秀教师参与了教材的编写工作。教材编写团队吸纳了具有丰富教材编写经验的知名数字商务产业集群行业领军人物,以充分反映电子商务行业、数字商务产业集群企业发展最新进展,对接科技发展趋势和市场需求,及时将比较成熟的新技术、新规范等纳入教材。

第四,推动"岗课赛证"融通。本系列教材为"岗课赛证"综合育人教材,将电子商务证书的考核标准与人才培养有机融合,鼓励学生在取得电子商务等证书的同时,积

极获取包括直播销售员、全媒体运营师、网店运营推广职业技能等级（中级）、商务数据分析师等多个证书。

第五，教材资源数字化，教材形式多元化。本系列教材构建了丰富实用的数字化资源库，包括专家精讲微课、数字商务实操视频、拓展阅读资料、电子教案等资源，形成图文声像并茂的格局。部分教材根据教学需要以活页、工作手册、融媒体等形式呈现。

第六，数字商业化和商业数字化加速融合。以消费者体验为中心的数字商业时代，商贸流通升级，制造业服务化加速转型，企业追求快速、精准响应消费者需求，最大化品牌产出和运营效率，呈现"前台—中台—后台"的扁平化数字商业产业链，即前台无限接近终端客户，中台整合管理全商业资源，后台提供"云、物、智、链"等技术以及数据资源的基础支撑。数字商业化和商业数字化的融合催生了数字商业新岗位，也急需改革商科人才供给侧结构。本系列教材以零售商业的核心三要素"人、货、场"为依据，以数字经济与实体经济深度整合为出发点，全面构建面向数字商务专业群的基础课、核心课，以全方位服务高水平数字商务专业群建设，促进数字商业高质量发展。

根据总体部署，我们计划在"十四五"期间，结合两大板块对本系列教材进行规划和构架。第一板块为数字商务专业群基础课程，包括数字技术与数据可视化、消费者行为分析、商品基础实务、基础会计实务、新媒体营销实务、知识产权与标准化实务、网络零售实务、流通经济学实务等。第二板块为数字商务专业群核心课程，包括视觉营销设计、互联网产品开发、直播电商运营、短视频制作与运营、电商数据化运营、品牌建设与运营等。当然，在实际执行中，可能会根据情况适当进行调整。

本系列教材是一项系统性工程，不少工作是尝试性的。无论是编写系列教材的总体构架和框架设计，还是具体课程的挑选以及内容和体例的安排，都有待广大读者来评判和检验。我们真心期待大家提出宝贵的意见和建议。本系列教材的编写得到了诸多同行和企业人士的支持。这样一群热爱职业教育的人为教材的开发提供了大量的人力与智力支撑，也成就了职业教育的快速发展。相信在我们的共同努力下，我国数字商务职业教育一定能培养出更多的高素质技术技能人才，助力数字经济与实体经济发展深度整合，助推数字产业高质量发展，为我国从职业教育大国迈向职业教育强国贡献力量。

丛书编委会
2024年1月

前 言

党的二十大报告指出，要加快发展数字经济，促进数字经济和实体经济深度融合，打造具有国际竞争力的数字产业集群。直播这一形式将是发展数字经济的有力支撑。

2024年政府工作报告也指出，要促进数字经济加快发展，5G用户普及率超过50%。在5G时代，直播电商已成为网络消费的重要支撑，直播作为新媒体时代的主流行业之一，与电子商务有着密切关系，直播运营的本质是吸引流量，从而促进转化，为企业创造利润，提升品牌知名度。2024年政府工作报告同时提出，要深入推进数字经济创新发展，增强城乡区域发展新动能。直播电商就是目前助力城乡区域发展最好的方式之一。

近几年，我国电商、直播、短视频发展迅速。全国各地通过开展形式多样的直播活动，让许多滞销的农产品直达千家万户，保障了市场供应。直播助农模式为农户提供了农产品快速销售渠道，使农户手中的农产品到达千家万户，助力产业升级。直播助农新模式被广泛接受的背后，还蕴藏着消费者作为买方对农产品价值的认可，其中的绿色、健康、原生态、有机等理念，表现在购买行为中就是消费者对农产品原生态化概念的推崇。农产品的实际效用和价值在直播助农这种新模式中被强调，并且这种运行方式使农户和消费者都能够从中获益。

本书立足于当前直播行业的新发展和新趋势，围绕乡村振兴的战略要求，既强调直播电商运营基础知识，又力求体现和还原真实的直播工作，采用项目制教学方式，将理论与实践有机结合。编者在设计全书的大框架时，构建了每个任务的工作场景及要求，并设计了相应的实训内容。

本书中的项目背景如下。A县盛产各种水果、蔬菜，但地理位置偏僻，经济欠发达，生活、居住等配套设施不完善，农户经常会遇到农产品滞销的问题。A县受环境和政策红利的影响，看好网络直播营销的大好前景，也在尝试网络直播，希望通过直播增加农产品的营收，解决农户的困难，于是A县相关领导找到了B校，想让B校的教师和学生协助A县的农户开展相关的直播筹备工作及直播销售活动。小张是B校学生，现在学校要求小张帮助农户开展直播带货筹备工作，做好相关规划，并帮忙开展相应的网络直播销售活动，将农产品更好地推广出去。

　　由于直播电商行业具有非常强的时效性，加上编者水平有限，书中难免存在不足之处，恳请各位读者多加指正，以使本书日益完善。本书在编写过程中使用了部分图片，在此向这些图片的版权所有者表示诚挚的谢意！由于客观原因，我们无法联系到您。如您能与我们取得联系，我们将在第一时间更正任何错误或疏漏。

目 录

项目一 直播电商新生态 1
学习目标 1
工作场景与要求 1
任务一 直播电商的本质与特征 2
任务二 直播电商的运营模式 5
任务三 直播电商产业链 8
任务四 直播行业人才需求规范 10
项目实训 12
本项目学习效果测评 13

项目二 直播电商平台选择与运营 14
学习目标 14
工作场景与要求 14
任务一 选择直播电商平台 15
任务二 成熟电商生态——淘宝直播 18
任务三 以内容助推带货——抖音直播 26
任务四 "社交＋拼团"——多多直播 32
任务五 依托社区属性——小红书直播 36
项目实训 39
本项目学习效果测评 42

项目三　直播电商运营筹备　43
　　学习目标　43
　　工作场景与要求　43
　　任务一　熟悉直播工作流程　44
　　任务二　直播运营定位与规划　48
　　任务三　直播团队组建　53
　　任务四　主播人设打造　58
　　任务五　直播场景搭建　64
　　项目实训　70
　　本项目学习效果测评　77

项目四　直播电商主播孵化　79
　　学习目标　79
　　工作场景与要求　79
　　任务一　主播心态管理　80
　　任务二　主播形象管理　83
　　任务三　主播的语言表达能力　87
　　任务四　主播产品卖点提炼　91
　　任务五　主播的风险防范　94
　　项目实训　96
　　本项目学习效果测评　98

项目五　直播电商运营策划　100
　　学习目标　100
　　工作场景与要求　100
　　任务一　直播内容策划　101
　　任务二　直播活动策划　105
　　任务三　直播电商营销策划　110
　　任务四　直播营销话术　113
　　项目实训　117
　　本项目学习效果测评　122

项目六　直播选品与定价　124

学习目标　124

工作场景与要求　124

任务一　直播间的选品策略　125

任务二　直播间的品控策略　128

任务三　直播间的产品结构规划　133

任务四　直播间的产品定价策略　138

项目实训　144

本项目学习效果测评　147

项目七　直播电商活动实施　149

学习目标　149

工作场景与要求　150

任务一　直播间预热引流　150

任务二　直播互动技巧　155

任务三　直播广告投放　161

任务四　直播电商客户服务与管理　167

项目实训　172

本项目学习效果测评　175

项目八　直播复盘与分析　176

学习目标　176

工作场景与要求　176

任务一　熟悉直播复盘的主要内容　177

任务二　直播运营数据收集和处理　182

任务三　直播数据分析和复盘总结　191

项目实训　199

本项目学习效果测评　205

参考文献　206

数字资源目录

项目一　直播电商新生态	1
知识拓展 1-1　直播电商发展历程	12
项目三　直播电商运营筹备	43
知识拓展 3-1　电商主播岗位的具体要求	54
知识拓展 3-2　直播策划岗位的具体要求	56
知识拓展 3-3　电商主播的行为规范	64
项目四　直播电商主播孵化	79
知识拓展 4-1　直播电商相关规范	84
知识拓展 4-2　主播合同风险防范的主要内容	95
知识拓展 4-3　主播销售风险防范的主要内容	95
知识拓展 4-4　《产品质量法》	95
项目五　直播电商运营策划	100
知识拓展 5-1　开场话术示例	116
知识拓展 5-2　排品话术示例	116
知识拓展 5-3　讲解话术示例	116
知识拓展 5-4　互动话术示例	117

项目六　直播选品与定价　　124
　　知识拓展 6-1　撰写宣传内容时应遵守的原则　　129
　　知识拓展 6-2　产品结构规划案例分析　　138

项目七　直播电商活动实施　　149
　　知识拓展 7-1　直播弹幕屏蔽词的设置　　156
　　知识拓展 7-2　FAB 法则　　170
　　知识拓展 7-3　客服话术参考范例　　172

项目一　直播电商新生态

学习目标

◇ **知识目标**

（1）了解直播电商的相关概念。
（2）了解直播电商的运营机制。
（3）了解直播电商的产业链结构。
（4）熟悉直播带货的岗位职责及素质要求。

◇ **能力目标**

（1）观看一场直播并掌握直播平台相关规则。
（2）初步具备完成直播团队的人员配置的能力。

◇ **素养目标**

（1）引导学生爱岗敬业、遵纪守法、诚实守信、恪尽职守、勇于创新。
（2）引导学生遵守直播电商从业人员的职业道德要求、职业素养要求和知识技能要求。
（3）引导学生遵守法律法规、公序良俗、商业道德，坚持正确导向，弘扬社会主义核心价值观，营造良好的网络生态环境。
（4）引导学生树立遵守法律法规及直播电商平台规则的意识。

工作场景与要求

小张和同学在收到任务要求之后，经过初步调研及讨论，决定通过直播电商开拓A县的农产品零售业务，但要确定合理科学的方案并使方案能够顺利实施。为此，小张和同学必须对直播电商的相关知识进行系统学习，就开展直播电商业务成立了项目组，同时对直播电商的运行机制进行学习和研究，最终，在几轮尝试之后，小张和同学做出了最合适的直播方案。

任务一　直播电商的本质与特征

一、任务导入

小张所在的项目组对打开 A 县农产品零售市场信心满满，认为直播电商作为开拓零售业务的方式非常适合，它能够缩短农户和消费者之间的距离，能够更快速地了解到更加真实的消费者需求。但项目组内各成员对直播电商的了解大多源于生活消费中的基本认知，对专业知识、业务流程了解颇少，难以直接开展工作。为此，项目组成员需要对直播电商的本质与特征进行研究。

二、知识准备

直播电商是一种结合实时直播和电子商务的商业模式，它的本质是通过互联网直播平台，以实时视频直播为媒介，通过主播的展示、演示和推荐产品，引导消费者进行在线购物。直播电商是结合了实时互动、有趣内容、社交传播和电子商务的创新商业模式，通过整合多种元素，为消费者创造了更具吸引力和参与度的购物体验。这一模式的特征主要包括以下几点。

（一）实时互动

直播电商通过实时视频直播，使主播与消费者之间建立起直接、实时的互动沟通渠道。消费者可以在直播中提问、评论，而主播则能够即时回应，提高消费者的参与感，促进消费者做出购买决策。主播和消费者通过直播平台的实时评论及问答实现实时互动。

直播电商的基础是在线直播平台，如淘宝直播、快手、抖音等。这些平台提供实时的视频传输和强大的互动功能，使消费者和主播之间能够即时交流。消费者可以在直播过程中通过弹幕、评论或问答功能提出问题，而主播则能够即时回答，二者之间建立起了更为直接的沟通渠道。

（二）内容创新

直播电商注重内容的创新性和吸引力，主播通常通过专业的表达和有趣的讲解，吸引消费者的注意力。这可能包括产品演示、使用经验分享、娱乐性质的节目等，以优化消费者体验，激发消费者的购买欲望。内容创新主要表现在两个方面：娱乐性质的节目和故事性营销。

1. 娱乐性质的节目

主播作为产品的推销员和讲解员,需要通过巧妙的内容设计,吸引消费者的关注,延长消费者的观看和停留时间,提升消费者对产品和品牌的认知度。有的主播通常用唱歌、跳舞等娱乐性质的表演吸引消费者关注直播间,促使消费者做出购买行为。

2. 故事性营销

很少有人不喜欢听故事。故事性的内容更易引起消费者的共鸣。主播在讲解之余,可以分享产品背后的故事、品牌理念,使消费者更容易与品牌建立情感联系。

(三)产品展示

直播电商以产品为核心,通过直播展示产品的特性、优势和使用场景,增强消费者对产品的了解。很多直播平台支持直接在线购物,消费者可以在直播过程中直接点击购买链接完成交易。在产品演示中,主播通过直播展示产品的实际使用场景、功能特点,帮助消费者更好地了解产品。相比静态的图片和文字,直播中的产品演示加更生动、直观。在直播中,有的主播可能会现场试用产品,展示产品的使用效果,这能增强直播的可信度。

(四)限时促销

直播电商通常采用限时促销策略,通过直播的时间限制和独家优惠来促使消费者尽快完成购买决策,为消费者营造一种紧迫感,提高销售效果。直播电商常常设置倒计时和独家促销活动,例如限时打折、限量发售等,以刺激消费者在直播过程中迅速做出购买决策。主播可能会提供独家福利,例如消费者专属的折扣码、礼品或优惠券,激发消费者的购物动机。

(五)社交化营销

直播电商借助社交媒体的力量,通过分享、点赞、评论等社交互动,提高产品的曝光率。消费者可以通过社交平台分享自己的购物体验,形成口碑传播效应。社交化营销通过消费者分享及评论和社群建设来实现。

1. 消费者分享及评论

消费者可以在直播结束后通过社交媒体分享购物心得,这对其他消费者具有借鉴和参考价值。消费者往往会对满意的产品和服务赞誉有加,形成口碑传播效应,为产品和品牌积累更多人气。

2.社群建设

有些直播电商会建立自己的社群,使主播与消费者之间建立起更为紧密的联系,促使消费者更频繁地参与互动和购物。

(六)多渠道触达

直播电商可以通过多种渠道触达潜在消费者,如在主流直播平台上进行直播,通过社交媒体传播,以及与电商平台合作。这样可以覆盖更广泛的消费者群体。直播电商还可以尝试跨平台合作。为了扩大覆盖面,一些直播电商会在多个平台上进行直播,或者与电商平台合作,将直播内容与在线商城产品界面进行有机结合。也有直播电商尝试整合多个社交媒体,利用社交媒体覆盖面广、传播力强、受众广泛的特点,通过社交媒体用户的分享将直播内容推广给更广泛的消费者。

(七)数据驱动

直播电商依赖大数据分析来进行消费者画像,了解消费者行为、购物偏好,从而调整直播内容,推荐消费者感兴趣的产品,提高销售的精准度和效果。直播电商主要将数据用在消费者行为分析和销售数据分析上。

1.消费者行为分析

利用大数据技术,直播电商可以分析消费者的行为数据,了解他们的兴趣、偏好,从而为他们推荐个性化的产品。

2.销售数据分析

直播电商会分析不同主播、不同时段的销售数据,优化库存管理水平,制订更加合适的营销和推广策略。

总的来说,直播电商是一种结合了实时互动、内容创新和社交化营销的电子商务模式,它通过直播平台,以视频为媒介,将购物行为融入娱乐和社交体验中,创造更具吸引力的购物环境。

三、任务实践

观察并分析你所在地区直播电商的发展情况,用实际案例说明什么是直播电商,并说明案例中的公司具有直播电商的哪些特征。

任务二　直播电商的运营模式

一、任务导入

小张所在的项目组在了解了直播电商的本质与特征后，考虑为不同农产品选择合适的运营模式。项目组成员对淘宝平台上的"交个朋友"直播间、京东平台上的"三只松鼠京东自营旗舰店"直播间、抖音平台上的"东方甄选"直播间进行研究分析，探究这几大平台的直播电商的运营模式，结合消费者特征为农产品选择合适的直播电商平台和运营模式。

二、知识准备

直播电商的运营模式涉及多个环节，包括平台选择、主播招募与管理、内容制作、互动管理、销售推广、数据分析与优化、支付和结算、社群建设等。

（一）平台选择

选择合适的直播平台是很关键的一步。不同平台有不同的用户群体和特点，目前比较常见的平台有淘宝直播、京东直播、快手、抖音等。运营者需要根据目标消费者特点、产品特性和平台政策选择合适的平台。

（二）主播招募与管理

1.主播招募策略

选择具有一定知名度或具备特定领域专业知识的主播，一般情况下能够吸引更多目标消费者。有时，运营者也会招募网络红人、行业专家或明星作为特邀嘉宾，共同参与直播。

2.合同约定

运营者需要与主播签署合同，明确双方的权益、责任，明确主播的薪酬结构。合同内容可能包括固定薪酬、销售提成、奖励机制等。

（三）内容制作

1.产品展示

主播通过直播展示产品，包括产品特性、使用方法、使用场景等，以增强消费者对产品的了解。

2.活动策划

运营者需要策划各类活动，如限时促销、专场推广、新品发布等，以提高消费者的参与度，激发消费者的购买欲望。

3.娱乐元素

运营者可以和主播提前做好规划，在直播中添加趣味性、娱乐性的元素，如互动游戏、抽奖环节，以吸引更多消费者。

（四）互动管理

1.实时互动

主播与消费者的实时互动是直播电商的一大特色，为此，运营者需要管理弹幕、评论、礼物互动等，保持良好的直播氛围。

2.客服支持

运营者需要提供客服支持，及时回答消费者的问题，处理售后服务，提升消费者体验。

（五）销售推广

1.开展促销活动

运营者可以设计各类促销活动，如满减、折扣、限时购等，以促进产品销售。

2.整合社交媒体

运营者还可以利用社交媒体平台进行产品推广，例如在社交媒体平台分享直播链接、产品亮点、折扣信息，扩大消费者群体。

（六）数据分析与优化

1.用户数据分析

运营者需要分析用户行为数据，了解消费者的兴趣、购物习惯，以更好地进行定向推荐和个性化服务。

2.直播效果评估

运营者可以通过数据监控，评估不同直播活动的效果，了解销售情况、消费者参与度等，为未来提出新的运营策略提供参考。

（七）支付和结算

1.支付系统

直播电商需要与支付系统进行整合，确保消费者可以方便快捷地完成支付。

2.结算机制

运营者要确定主播和平台之间的结算机制，包括薪酬结构、提成比例等。

（八）社群建设

1.消费者社群

运营者通过建立消费者社群，可以促进消费者之间的互动和交流，提高粉丝黏性。

2.用户反馈

运营者可以收集消费者的反馈，了解消费者的需求和意见，及时调整运营策略。

3.合法合规

遵守相关法律法规和平台规定，确保直播内容、销售行为符合法律法规，避免违规问题。

直播电商的运营模式需要不断优化，结合实际情况进行灵活调整，以适应市场变化和消费者需求的变化。同时，建立良好的品牌形象和用户口碑也是直播电商长期运营的关键。

三、任务实践

分析淘宝平台上的"交个朋友"直播间、京东平台上的"三只松鼠京东自营旗舰店"直播间、抖音平台上的"东方甄选"直播间，根据知识准备确定适合 A 县农产品销售的基本运营模式。

任务三　直播电商产业链

一、任务导入

小张希望通过直播销售的方式，打开新的市场。经过前期的准备，小张所在的项目组准备组建一个直播团队，进行直播。

直播前，小张考虑到在直播电商模式下，要想更快速地打开市场，必须和企业一样，必须根据市场需求和相关数据，对产品线进行优化，挑选出适合直播展示和销售的明星产品，确保库存充足，与物流公司紧密合作，实现快速、准确的产品配送，提升消费者购物体验。因此，为了确定一套直播销售策略，包括选定合适的主播、制作直播内容、设计互动环节等，项目组需要迅速开展直播电商产业链调研。

二、知识准备

直播电商产业链涉及多个环节，从内容生产到销售推广，包括主播、内容制作团队、直播平台、品牌商、经销商、制造商、物流和配送服务商、用户服务团队、售后服务团队等多个参与者。这些参与者团结协作，在产业链中发挥不同的作用。

（一）主播和内容制作团队

1.主播

直播电商需要选择合适的主播。主播是直播电商产业链中的关键角色，负责在直播平台上展示和推广产品。主播可以是专业的导购员，也可以是行业专家、网络红人、明星等。

2.内容制作团队

为了提供高质量的直播内容，直播电商需要有专业的内容制作团队，包括摄影师、剪辑师、编导等。

（二）直播平台

直播平台是连接主播和消费者的媒介，如淘宝直播、京东直播、快手、抖音等。平台提供直播工具、支付结算、用户管理等服务。

（三）品牌商、经销商和制造商

1.品牌商

品牌商是提供产品的一方，可以是知名品牌，也可以是新兴品牌。他们通过直播电商平台与主播合作，通过主播的推荐和演示，直接面向消费者进行产品销售。

2.经销商

一些中小品牌或新兴品牌可能选择通过经销商进入直播电商市场，由经销商负责与直播平台接洽，完成产品的销售。

3.制造商

一些产品的制造商选择略过中间环节，直接从生产环节进入直播平台。

（四）物流和配送服务商

物流和配送服务商包括负责物流、仓储工作的公司。它们负责将产品送到消费者手中。在直播电商的竞争中，物流速度和仓储可靠性是至关重要的因素。

（五）用户服务团队和售后服务团队

1.用户服务团队

直播电商需要设立用户服务团队，及时回答消费者的疑问，解决消费者在购物过程中遇到的问题。另外，为了确保直播电商的合法合规运营，法务团队也是不可缺少的，法务团队负责处理合同、知识产权、消费者权益等方面的法律事务。

2. 售后服务团队

售后服务团队协助消费者处理退换货、产品维修等事宜，这对于保障消费者权益、提高消费者对产品的满意度至关重要。

以上这些都是直播电商平台的参与者。不同参与者相互配合，紧密合作，形成完整的商业生态系统。这些参与者扮演不同的角色，共同确保直播电商的高效运作。

三、任务实践

以小组为单位，组建直播电商团队，并在组内完成角色分配和职责分工。

任务四　直播行业人才需求规范

一、任务导入

随着移动互联网和电商行业的快速发展，直播电商作为一种新兴的商业模式，正在迅速崛起。然而，由于直播行业具有特殊性，它对人才的需求也呈现出多样化、专业化的趋势。2020年，人力资源和社会保障部联合国家市场监督管理总局、国家统计局，向社会发布多个新职业，其中，在"互联网营销师"职业下增设"直播销售员"工种，带货主播成为正式工种。

小张所在的项目组组建的直播团队经过一段时间的运营和磨合，确定了形象气质俱佳且比较有亲和力的娜娜作为团队的主播。一般而言，直播领域被大众熟知的主播都有比较鲜明、独特的人设[①]。一般情况下，人设越饱满、丰厚、有辨识度，主播就越容易在直播平台脱颖而出。为了快速被消费者记住，吸引更多消费者的关注，小张准备先带着娜娜确定人设，并设置能够凸显人设定位的账号。

二、知识准备

直播行业快速发展，直播电商对于人才的需求也日益增长。表1-1中是直播行业人才需求的一般规范，这些规范可能因不同公司、职位以及具体工作内容而有所不同。

---

① "人设"，即人物设定，简单来讲就是在直播平台提前设定并演绎出一个相对完整的人物，如"学霸""女神"等。市场营销学者认为精准人设能够精准"吸粉"，并围绕具体人设策划和推出短视频、图片等各类作品。在一些电商直播平台，利用人设打造明星、网络红人，吸引粉丝并进行流量变现，已形成一整套成熟的商业模式。

表1-1 直播行业人才需求的一般规范

岗位	能力要求	具体要求
主播	表达能力	良好的沟通和表达能力,具备吸引和引导消费者的能力
	行业专业知识	对所推广的产品有一定的专业知识,能够清晰地呈现产品信息
	互动能力	具备良好的互动能力,能够与消费者实时互动,提高消费者黏性
	形象和气质	外在形象良好,气质出众,以吸引更多的消费者
内容制作团队	摄影技能	摄影师需具备一定的拍摄技能,确保直播画面的清晰度和美观度
	剪辑技能	剪辑师需要熟练运用视频剪辑软件,具备将素材制作成高质量视频的能力
	创意能力	编导和策划人员需要有创意和策划能力,设计能吸引消费者的直播内容和活动
运营与推广团队	数据分析	具备一定的数据分析能力,能够分析用户行为、市场趋势等数据,为决策提供支持
	社交媒体	熟悉社交媒体运营,能够通过社交媒体平台扩大直播的曝光度和用户基础
	市场推广	具备市场推广经验,能够设计和执行有效的促销活动,提高品牌知名度
技术团队	直播技术	对直播技术有深入了解,能够处理直播平台的技术问题,确保直播的流畅性和稳定性
	软件开发	在直播平台或相关系统的软件开发方面有经验,能够不断优化和升级技术架构
客服和售后团队	沟通能力	客服人员需要具备良好的沟通技巧,能够有效解答消费者提出的问题,处理消费者的投诉
	售后服务	负责售后服务的团队需要有责任心,能够快速响应消费者需求,解决问题,并提高消费者满意度
法务团队	法律素养	法务团队需要对相关法规有深入理解,确保直播运营合法合规
	合同管理	负责合同管理的团队需要具备合同起草和管理的能力,维护公司和消费者的合法权益
人才培训团队	培训经验	负责人才培训的团队需要具备培训经验,能够为员工提供有效的培训,提高其专业水平
品牌团队	品牌推广	品牌团队需要有品牌推广的经验,能够制定并执行品牌推广战略,提高品牌影响力

三、任务实践

成为一名优秀的带货主播应当具备的基本能力较多,在日常生活中,可以采用哪些方法来培养主播的这些基本能力?

知识拓展 1-1
直播电商发展历程

项目实训

◇ **实训任务**

在直播平台观看一场时长 30 分钟以上的直播并填写表 1-2。

◇ **任务目标**

通过观察直播过程,了解直播电商的内容,提高对电子商务直播行业的认识。

◇ **任务要求**

(1)观看时长:30 分钟以上。
(2)观察内容:主播及团队在直播过程中的表现、互动方式、产品介绍等。
(3)表格总结:根据观察内容,填写表 1-2,总结直播过程中的要点。

◇ **任务步骤**

(1)进入直播平台,查找平台内的带货榜单。
(2)进入带货榜单,选择排名前 100 的直播间。
(3)观看直播,注意记录以下要点:主播及团队成员介绍;产品展示与介绍方式;互动环节设置及效果;营销策略及话术。

◇ **填写表格**

表 1-2 直播过程中的要点

项目	观察要点	内容
主播及团队介绍	主播姓名、团队成员姓名及角色	
产品展示方式	主播通过什么方式展示产品(图片、视频、实物等)	
互动环节设置	互动环节的类型及频率	
营销策略及话术	主要的营销策略和话术	
消费者反馈	消费者在直播中的反应,消费者和主播的互动情况	
其他	其他值得注意的观察点	

◇ **任务成果**

完成表格,并对直播过程中的要点进行分析和总结。

本项目学习效果测评

知识测评		
知识点	评价指标	自评结果
直播电商的相关概念	定义	□A+ □A □B □C □C−
	特征	□A+ □A □B □C □C−
直播电商的运营机制	运营机制	□A+ □A □B □C □C−
直播电商的产业链结构	产业链结构	□A+ □A □B □C □C−
能力测评		
技能点	评价指标	自评结果
掌握直播行业人才规范	掌握规范	□A+ □A □B □C □C−
初步完成直播团队的人员配置和组建方案	完成人员配置	□A+ □A □B □C □C−
	完成团队组建	□A+ □A □B □C □C−
素养测评		
素养点	评价指标	自评结果
思政素养	职业道德要求	□A+ □A □B □C □C−
	法律法规要求	□A+ □A □B □C □C−
薄弱项记录		
我掌握得不太牢固的知识		
我还没有掌握的技能		
我想提升的素养		
教师签字		

项目二　直播电商平台选择与运营

学习目标

◇ **知识目标**

（1）熟悉直播平台的分类及各平台的优劣势。
（2）掌握淘宝、抖音、拼多多、小红书平台的流量机制。
（3）掌握淘宝、抖音、拼多多、小红书平台的流量获取方法。
（4）了解各平台的发展趋势。

◇ **能力目标**

（1）能够完成淘宝、抖音、拼多多、小红书平台的开播。
（2）能够获取淘宝、抖音、拼多多、小红书平台的免费及付费流量。
（3）能够完成淘宝、抖音平台的粉丝运营和维护。

◇ **素养目标**

（1）引导学生严格遵守国家关于直播电商平台的法律法规，确保平台运营合法合规。
（2）引导学生在平台运营中坚持诚信原则，维护消费者的合法权益，树立良好的企业形象。
（3）引导学生遵守社会公德，维护网络公序良俗，营造和谐的网络环境。

工作场景与要求

小张在跟随教师了解了直播电商这个新业态之后，与项目组同学沟通讨论，决定通过直播电商的形式将A县农户们生产的农产品销售出去。项目组成员认为，为了更好地利用直播，他们首先需要帮助农户了解各直播电商平台，熟悉各直播电商平台的特点，选择适合的直播电商平台进行直播销售活动，这样才能更好地将滞销的农产品销售出去。

任务一　选择直播电商平台

一、任务导入

小张所在的项目组通过跟随教师学习，了解了直播电商这个新的业态，但项目组成员通过调研和讨论发现，目前能够完成直播电商销售的平台特别多，如果不提前了解直播电商平台的分类及各直播电商平台的特点，他们很难通过直播电商将滞留的农产品销售出去，因此，他们需要提前对直播电商平台的分类及重点平台的特点有所了解。那么，直播电商平台有哪几类？各平台有何特点，适合售卖的产品有哪些？

二、知识准备

在直播电商产业链中，直播电商平台起着非常重要的作用，直播电商平台与MCN[①]机构将商家与消费者联系起来，在满足双方诉求的同时，打造产业生态闭环，形成直播电商产业链（见图2-1）。

（一）直播电商平台分类

在直播电商生态中，直播电商平台主要分为四类，分别是传统电商平台、娱乐内容平台、导购社区平台及社交网络平台。这四类平台入局直播电商的逻辑与侧重点各有不同。

1.传统电商平台

传统电商平台是指以从事传统电商服务为主，并具备直播功能的电商平台，传统电商平台向直播电商平台转型的驱动力在于，以直播拓展获客渠道，在获得流量的同时保持一定的用户黏性。典型的传统电商平台有淘宝网、京东商城、拼多多等。

2.娱乐内容平台

娱乐内容平台是集娱乐性、趣味性于一体的休闲平台，以时尚、流行为平台特征。娱乐内容平台拥有丰富的流量池，通过直播切入电商行业是平台进行流量变现的尝试与探索。典型的娱乐内容平台有抖音、快手等。

---

① MCN是multi-channel network的缩写，指的是一种内容生产和运营的模式，主要面向短视频平台。专业的MCN机构会涉足包括网络红人的筛选、孵化、内容开发、持续性的创意、用户管理、平台资源对接、活动运营、商业化变现和合作等相关工作。

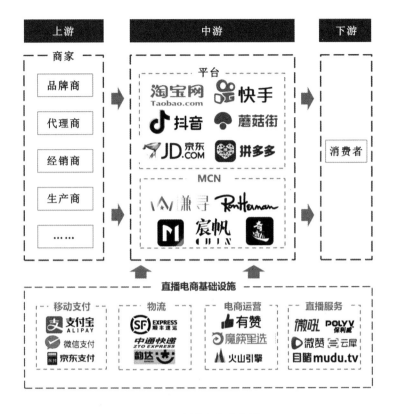

图2-1 直播电商产业链

3.导购社区平台

导购社区平台是指以产品"种草"、导购为主要内容的平台。随着时代的进步和消费观念的变化，消费者对于个性化产品的需求不断增加，导购社区平台应运而生。而在导购社区平台中，导购达人的使命便在于"种草"与内容触达，因而在与消费者互动方面具备天然优势，通过强互动的直播巩固电商业务，完成产品推广和销售。

4.社交网络平台

社交网络平台是供消费者沟通、社交、分享以及创造价值的平台。社交网络平台可以细分为不同的类型，如即时通信平台、内容分享社区以及社交媒体网站等。消费者可以在平台上发送文本、图片、音频和视频，这些信息可以流传数百或数千里，消费者就这样建立起新的朋友圈。随着直播行业的不断发展，像微信、微博等头部社交网络平台也都开通了直播功能，以满足消费者的需求。

（二）直播电商平台对比

以上四类直播电商平台的差异性特征决定了其优势与短板。传统电商平台与导购社区平台SKU[①]丰富，供应链相对稳定，消费者的购买心理比较成熟，但流量变现程度不敌娱乐内容平台和社交网络平台；娱乐内容平台和社交网络平台虽然在流量方面占据优势，但消费者多为娱乐和社交导向，转化率较低。四类直播电商平台的对比如表2-1所示。

表2-1　四类直播电商平台的对比

平台分类	传统电商平台	娱乐内容平台	导购社区平台	社交网络平台
特点	货品种类丰富，供应链相对完善，以直播作为拉新转化的工具	流量优势明显，以直播为切入点，探索流量变现新路径	兼具电商与娱乐内容属性，以直播实现导购场景的拓展	私域流量占据绝对优势，将直播视作获取忠实消费者的工具
主播类别	以商家自播为主	以达人主播为主	以导购红人主播为主	以商家自播为主
用户画像	以消费为导向	以娱乐为导向	以"种草"与购物为导向	以社交、娱乐休闲为导向
产品画像	SKU丰富	以白牌[②]或品牌产品为主	以白牌或垂直类产品为主	以白牌或垂直类产品为主
成交路径	平台自成交	以跳转第三方电商平台为主	以平台自成交为主	微信平台可以完成平台自成交；微博平台需要跳转到第三方电商平台才能完成成交
转化率	中等偏上	较低	较高	中等
典型平台	淘宝	抖音	蘑菇街	微信视频号

不同的运营逻辑与特征，导致四类直播电商平台的营销效果略有不同，具体表现为GMV[③]与主播粉丝价值上的差异。粉丝价值即单场GMV/粉丝数量，用来衡量用户黏性与流量价值。

---

① SKU为最小存货单位，全称为stock keeping unit，即库存进出计量的基本单元。
② 白牌不是品牌名称，而是渠道商（平台商）品牌。其学术名称是自有品牌，白牌是流行词语。
③ GMV（gross merchandise volume），字面意思就是交易总额，或者成交额，单位是货币单位，如果是人民币结算，就是元。

依据相关数据，笔者选取淘宝、抖音、蘑菇街、微信视频号作为四类平台的代表，对各平台头部、中腰部粉丝价值进行测算（腰部主播为平均单场GMV在百万至千万之间）。研究发现：①淘宝GMV高，粉丝价值较高，粉丝消费目的性强，由此带来较高的成交转化额；②抖音GMV中等，粉丝价值有待提升，平台算法分发及运营逻辑不利于私域流量的聚集，强娱乐心智粉丝与主播之间的感情联系相对较弱，因而尽管抖音流量占优，直播引导成交的GMV较为可观，但平均粉丝价值偏低；③蘑菇街GMV偏低，粉丝价值高，蘑菇街产品与核心客群垂直特征明显，GMV不敌综合类传统电商平台，但平台粉丝的强购买心智以及与导购红人之间较近的情感距离，驱动高粉丝价值的形成；④微信视频号GMV中等，粉丝价值有待提升，微信视频号拥有微信庞大的私域流量池带来的流量，但由于相对其他几类平台来说，粉丝使用微信视频号的主要目的依然是社交，购物欲望较低，因而微信视频号虽然GMV较为客观，但平均粉丝价值较低。

三、任务实践

项目组各成员对照四类直播电商平台的特点，并结合项目组所选择的产品，选择最合适的直播电商平台，并给出这样选择的原因。

任务二　成熟电商生态——淘宝直播

一、任务导入

项目组分析的第一个平台是淘宝直播。项目组通过调研发现，淘宝直播凭借完善的商业基础设施和丰富的内容展现形态，以及多元的粉丝运维方式，打造出了完整的直播电商产业链。

淘宝直播平台有什么特点？如果选择淘宝直播平台进行直播销售，如何获取流量？如何维护好粉丝？

二、知识准备

（一）淘宝直播平台的特点和流量分配规则

1.淘宝直播平台的特点

（1）淘宝直播的直播产业带丰富，产业链完整，规模巨大

2023年4月，淘宝直播举办了首场产业带服务商大会，宣布平台要深入货源腹地，

用平台优势赋能各个产业带上的商家和主播，重塑"人货场"势能，从而帮助主播和商家解决货源问题，引领行业的新一轮变革。2023年"6·18"期间，淘宝直播产业带直播间的交易额环比增长超过300%，其中直播中下单用户超50万人，成交件数超400万，产业带直播间总曝光超过28亿次。截至2023年10月，淘宝直播产业带已经覆盖全国30多个产业带。2023年"双11"期间，淘宝直播产业带销售额超4亿元，观看直播的人数超8000万，订单量超500万笔。

（2）头部效应显著

在淘宝直播平台上，头部KOL（key opinion leader，关键意见领袖）的影响力和带货能力非常强大，这在一定程度上提高了平台的知名度和吸引力。然而，这也意味着中小主播可能会面临更大的挑战。

（3）流量获取相对有限

尽管淘宝直播在电商成交数据方面表现良好，但其流量获取相对于短视频平台（如抖音）来说还是有限的。淘宝直播倾向于扶持少数头部KOL，而不是支持所有主播。

（4）主播分布不均

在淘宝直播平台的职业主播中，头部效应非常明显，即少数几个主播占据了大部分销售额。相比其他电商直播平台，这种现象在淘宝直播平台更为突出，导致中腰部主播的发展空间受限。

2.淘宝直播平台的流量分配规则

淘宝官方曾经公布过淘宝直播流量池中的流量是如何分配的，涉及的内容很多。平台会将主播们分级运营，以"经营＋专业"的方式来综合评估主播。其中，经营包括"直播场次＋时长"、平台活动完成率、粉丝留存率，专业则包括有效产品投放、月直播订单、进店转化率等。

当然，等级越高的主播能够获得的直播权益越多，不过，这也证明了主播的直播间需要有更多优质内容，才能够紧紧抓住淘宝直播平台赋予的流量。主播和直播间可以采取以下措施。

（1）加强促销活动力度

当比较大的流量出现时，主播和直播间可以抓住机遇举办促销活动，进行产品推广。在直播间中，商家可以自行设置为消费者发放优惠券，或者引导消费者完成关注、分享等任务，其关键是让消费者觉得优惠力度够大，刺激消费者做出购买行为。

（2）充分利用新直播账号权益

新开的账号如果直播时长达到3小时，淘宝直播平台会在第二天给予流量扶持。新账号连续开播3天，每天时长3小时以上，还能获得额外流量加权。当然，淘宝直播平台给予这样的加权，其目的是希望直播间持续直播下去。只有坚持直播，直播间才能持续获得流量。符合平台奖励要求的直播间每月还能获得个性化流量曝光机会。

（3）提升直播间访客转化率

无论是吸引访客还是粉丝来到直播间，商家最终的目的还是促成成交。如果直播间流量特别大，转化率却特别低，这样反而会导致淘宝直播平台降低直播间的权重，所以直播间的访客转化能力十分重要。在消费者观看直播时，主播需要在短暂的时间内向他们介绍和展示产品。为了促使消费者做出购买行为，主播在直播间营造的购物氛围也是很重要的。

（4）延长直播间访客停留时长

直播间访客的停留时长反映了直播间的内容价值，平台也会根据这一维度分析直播间的优劣。直播间可以通过优化产品的品质，或者加强主播的控场能力和吸引力，将消费者留住。

（5）促进直播间访客转粉和留存

在将访客转化为粉丝之后，主播一定要维护直播间的粉丝，前期可以设置优惠券，访客通过关注主播获取优惠券，后期可以定时举办抽奖活动，为粉丝提供福利。访客转粉和留存也能为直播间增加流量权重。

> **专家点拨**
>
> 淘宝直播平台站内流量竞争激烈。一个直播间如果在引流方面存在困难，可以试试将引流工作转移到站外平台，也许能获得不错的效果。

（二）淘宝直播引流

1.免费流量

（1）直播账号包装

直播间可以将直播信息展示在店铺信息中，包括店铺首页、订阅内容、横幅内容等。图2-2中就是在店铺首页展示直播信息。

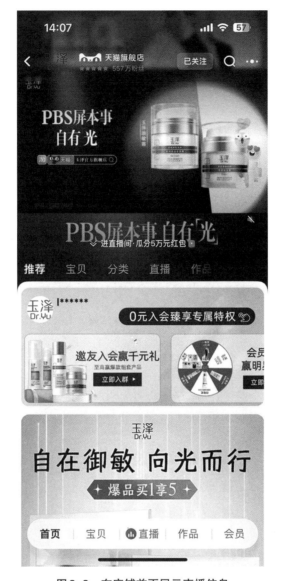

图2-2 在店铺首页展示直播信息

（2）直播预告

主播可以通过淘宝直播的中控台设置直播预告，发布成功后，直播预告会出现在淘宝首页预告模块，主播在直播时也能获得优先浮现权。主播还可以在淘宝直播平台进行焦点图投放，投放的焦点图集中展示在"今日必看"模块。主播在设置直播预告时，需要注意以下几个方面的问题：预告视频上无水印，不添加字幕；视频应为横屏，画面长宽比例为16∶9；视频画面要整洁，内容主次分明；如果确定了直播时间，直播预告至少要在直播前一天16∶00前发布，否则淘宝直播平台将不予审核浮现。

（3）直播间包装

直播间包装包括直播封面图、直播标题和直播标签的设置等，这些内容都必须和直播的内容相吻合，最好能够直观地向消费者呈现直播的内容。如图2-3所示，直播间计划通过直播售卖助农树苗，将人双手捧着果子的图片制作成封面图，这样的封面图突出了直播内容，很容易吸引消费者的关注。搭配的文案简洁有力，也容易引起消费者的共鸣。

图2-3　直播售卖树苗封面图

2.付费流量

（1）官方超级直播

通过手机上的淘宝主播App，或者电脑端的直播后台，主播可以在直播中点击推广按钮，设置营销目标后，即可一键推广直播间。

如图2-4所示，超级直播单次投放金额100元起。系统会根据直播间的营销计划预估一次推广能够给直播间带来的观看量或者推广时长。在淘宝主播App或者电脑端的直播后台，还可以下拉，在工具"付费推广管理"中，查看单次推广数据，以及每一个具体订单的详细数据。

图 2-4 超级直播付费页面

（2）直通车推广

在传统的淘宝电商运营中，直通车是与单品紧密联系在一起的，所以就出现了很多直通车推广"爆款"产品的运营方式。如今，直通车有了直播推广的功能，主播可以在直通车中直接推广直播间。以往消费者点击创意图后会直接进入产品详情页，而在直通车直播推广中，消费者点击创意图以后会进入直播间，创意图上会显示"直播中"和"广告"的标识。

（3）钻展推广

钻展又称钻石展位。在淘宝直播中，钻展是最早出现的直播推广工具，收费方式为竞价排序，钻展按照展现次数收费，展现次数越多，收费就越高，如果不展现，则不收费。钻展的资源位有手机淘宝首页焦点图和直播精选信息流，只要展现了，不管是否有人点击，淘宝直播都会收费。钻展可以迅速推广产品和品牌，但是转化率并没有直通车高。

（4）群发短信

群发短信这个功能看似低成本、不起眼，它的效果却不容小觑。它不仅可以提高直播间人气，而且可以促进转化。直播间可以使用第三方短信群发工具，例如欢乐逛等。在欢乐逛里，运营者可以创建手动群发或者智能群发的短信计划，并且筛选、设置可接收短信的用户，使用短信模板编辑短信内容，最后设置发送时间。

(三)淘宝直播粉丝运营和维护

对比传统电商,直播电商更强调以人为本,主播必须和粉丝互动,这样才能获取粉丝信任,提升粉丝黏性。淘宝直播平台的主播在进行粉丝运营和维护时,可以采用以下两种方式。

1.设置粉丝亲密度

粉丝亲密度是指粉丝和主播之间互动的频率指数。设置粉丝亲密度是直播间积累和转化粉丝、提高互动频率的有效方式。粉丝在进入直播间后,只要进行一系列操作,就可以积累分值,在达到一定的亲密度分值后,就可以升级为不同等级的粉丝。粉丝等级越高,享受的权益就越丰富。粉丝等级、子等级数量及亲密度分值区间如表2-2所示。

表2-2 粉丝等级、等级数量及亲密度分值区间

对应等级	子等级数量/个	亲密度分值区间
新粉	4	0—149
铁粉	4	150—549
钻粉	5	550—1999
挚爱粉	6	2000—5999
超级粉	7	6000及以上

2.运营私域流量

主播可以把粉丝引流到私域流量池,例如让粉丝加入微信粉丝群。主播在运营自己的私域流量时,要为粉丝树立正面的形象,打造差异化人设,并不断强化人设。主播还可以打造人格化IP,更容易让粉丝产生亲近感和崇拜感,这有利于加强粉丝对主播的信任感和依赖感。在运营私域流量时,主播要注意加强与粉丝之间的互动。互动策略包括发起话题讨论、举办线上和线下活动等。这些都可以提高粉丝参与感,提升粉丝黏性。

三、任务实践

淘宝卖家开通淘宝直播权限的操作如下。

下载并登录淘宝主播App,登录成功后,点击"立即入驻,即可开启直播",如图2-5所示。

在接下来出现的页面中点击"去认证",完成实名认证和实人认证,点击"确认入驻",如图2-6所示。主播入驻成功后,就可以进行淘宝直播。

图2-5 点击"立即入驻，即可开启直播"

图2-6 完成实名认证和实人认证

入驻完成后，在电脑端打开淘宝首页并登录千牛工作台，在左侧依次选择"自运营中心""淘宝直播"选项，就可以打开淘宝直播中控台，查看是否拥有淘宝商家的直播权限，如图2-7所示。

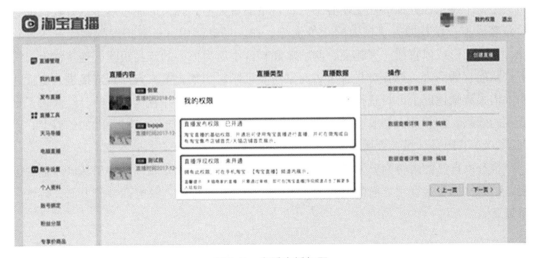

图2-7 查看直播权限

项目组各成员根据以上步骤，进行开通淘宝直播权限的练习。

任务三 以内容助推带货——抖音直播

一、任务导入

项目组成员所分析的第二个平台是抖音,项目组经过调研分析,认为抖音是一个典型的娱乐内容平台,主要的变现渠道有广告、电商和用户付费,而直播是内容的变现形式之一。在开通直播之后,产品销售工作变得更加便利和简单。商家和主播要做好直播内容的定位工作,为消费者提供有价值的内容,从而吸引越来越多的消费者关注。同时,商家和主播要通过选品、引流、上架产品和产品讲解来带货,并做好粉丝运营和维护,不断提升直播间的影响力和变现能力。

如果项目组选择抖音作为直播平台,应该如何获取流量,如何维护已有的粉丝呢?

二、知识准备

(一)抖音直播平台的特点和流量推荐逻辑

1.抖音直播平台的特点

与淘宝网在2016年开始布局直播领域相比,抖音在直播带货领域进场稍晚。2018年5月,抖音正式开始电商商业化之路,现阶段主要依靠网络红人和名人带货。抖音本质上是一个娱乐性较强的社交内容平台,自带流量优势,强大的流量赋予抖音较低的直播获客成本,使其拥有了较大的竞争优势。在入局电商后,抖音持续探索流量变现路径,目前已形成以直播、兴趣点、购物车和抖音小店为核心的产品矩阵,连接线上与线下,赋能直播商家。抖音对抖音小店商家的政策倾斜和禁止第三方产品链接进入直播间的举措很清晰地展示出抖音打造电商生态闭环的战略布局,并且这一举措已经获得了很直观的效果。2019年,抖音前100位"红人"的橱窗中,淘宝网店铺占比80%以上,而到了2020年10月,抖音直播商品链接中有将近96%的产品来自抖音小店。

抖音以自己的内容为分发逻辑,头部网络红人流量比较分散,不利于私域流量的运营,电商机构很难套用之前的电商运营思路,但是在品牌广告及电商导流方面,抖音效果显著。

2.抖音直播的流量推荐逻辑

抖音直播的流量推荐逻辑如图2-8所示。当直播间发布视频介绍直播内容时,抖音平台会给予直播间基础流量，基础流量是否能够突破阈值，取决于完播率、互动率、成交率、停留时间等指标。当突破基础流量后，直播间会进入更大的流量池。如此往复，当流量无法突破阈值的时候，抖音将会终止推送流量。优质内容可以使直播间持续突破阈值，进入更大的流量池，采购流量可以起到助推作用，但直播间到底能够走多远，最终取决于内容质量。

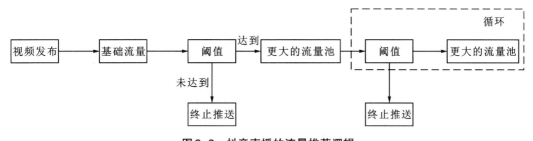

图2-8 抖音直播的流量推荐逻辑

（二）抖音直播引流

1.免费流量

（1）直播引流短视频

为了让更多消费者提前知晓直播时间，也为了在开播的时候有更多的消费者进入直播间观看直播，主播需要提前制作直播引流短视频，并在直播前1—3小时发布。直播引流短视频主要分为以下三种。

第一种是直播预告短视频。在直播预告短视频中，主播采用真人出镜或图文形式，告知消费者具体的开播时间、直播内容及直播利益点等，提醒消费者准时进入直播间。例如，抖音账号"交个朋友直播间"在直播开始前发布预告短视频，主播出境，用"图片＋文字"的形式预告直播的时间及内容，如图2-9所示。由于主播的粉丝黏性较强，粉丝在看到直播预告短视频后进入直播间观看直播的可能性较大。

第二种是在常规视频中植入直播预告。主播可以在日常发布视频时植入直播预告，让消费者在不知不觉中对直播时间和直播主题有了印象。例如，快餐品牌麦当劳的抖音号"麦当劳抖金店"在某一个视频中，介绍了位于江苏省南通市的生菜田。主播作为导游，和农户与农业专家对话，揭晓生菜脆爽美味的秘诀。在视频即将结束时，页面上突出展示了这场直播的时间。消费者在沉浸于视频内容的同时，也记住了直播的时间和内容（见图2-10）。

第三种是上期直播切片视频。很多影视剧在正式播出之前会放出很多拍摄花絮和剧情片段，目的是让观众对成片感兴趣。开直播之前，主播发布直播片段也如此。如果上一场直播中发生过一些有趣的事情，主播可以将其截取出来，单独制作成短视频，为即将开始的下一场直播引流造势。

图2-9 "交个朋友直播间"直播预告短视频

图2-10 "麦当劳抖金店"直播预告

(2) 直播间包装

除了前期发布的直播引流短视频，直播间的一些包装也会影响直播间的人气，这些包装包括直播的封面图及标题。消费者在进入直播广场浏览时，能够看到很多直播间，这时候，决定他们是否会点进直播间的很重要的因素就是直播间的封面图和标题。因此，运营者一定要精心设计直播间的封面图和标题，使其与直播内容紧密相关。

2. 付费流量

除了发布直播引流短视频和进行直播间包装外，主播在抖音平台直播时还可以通过付费对直播间进行推广。

(1) 投放DOU+

抖音平台对DOU+的定位是一款专门针对内容创作者的内容加热工具。DOU+的投放门槛低，只要是抖音的注册用户，最低花费30元就可以投放DOU+。

如图2-11所示，投放DOU+时，既可以选择在开播前预热投放，即通过短视频预热，也可以在直播过程中根据实时数据选择定向投放，直接为直播间引流。

图2-11 投放"DOU+"

短视频预热是通过短视频的曝光来增加直播间的观看人数，多了一层转化。例如，主播在直播前发布一条直播预告短视频，然后对视频投放DOU＋。很多消费者会看到视频，其中一部分消费者会点进直播间，这样主播就实现了引流目的。

直播间投放DOU＋的优势在于消费者进入直播间以后无法进行上滑操作，只能点击"关闭"按钮才能返回推荐页面，这就提升了消费者的留存率。

直播DOU＋主要用于提升消费者进入直播间后的互动数据，包括主播为消费者"种草"，直播间通过和消费者互动完成"涨粉"，提升直播间人气等，其中，为消费者"种草"只出现在带货直播中。

（2）投放FEED流

FEED流是抖音推出的直播间付费推广工具。投放FEED流后，抖音平台会在推荐页里直接将直播间呈现给消费者。投放FEED流时，商家无须上传视频素材，抖音平台会在推荐信息流中直接展现实时直播内容，这是抖音平台帮助直播间提升流量获取和转化能力的一种商业操作。主播个人是不能投放FEED流的，投放FEED流的主体仅限企业或个体工商户。如果主播个人想投放FEED流，可以与有资格的广告开户账户绑定，但直播中所推荐的产品也必须属于该广告开户账户的小店。

传统信息投放一般通过优化素材来提高转化率，然后增加投放预算，但在FEED流投放中，落地页直接就是直播间，所有的二级转化目标都要在直播间完成。这对直播间环境、主播引导转化的话术有较高的要求。因此，商家在投放FEED流之前，应当先提升主播的直播能力。

FEED流采用的是广告竞价投放模式，投资回报率是最核心的考核目标，直播间环境和主播能力是最重要的条件。除了需要具备能稳定进行转化的重要条件之外，商家投放FEED流时，还需要有充足的预算和最起码的信息流相关产品的操盘能力。

（三）抖音直播粉丝运营和维护

吸引消费者关注、增加粉丝数量并不是抖音直播营销的最终目的，主播应当在吸引消费者关注以后继续保持甚至提升直播间内容的丰富性，提升粉丝的转化率，只有这样才能获得满意的直播营销效果。

1.延长粉丝停留时间

留住粉丝是所有直播电商平台都需要考虑的问题，因为粉丝在直播间停留的时间越长，越有可能和主播产生互动，进而产生销售转化。平台可以通过打磨直播内容、发放红包、互动抽奖等方式来延长粉丝停留时间。

2.提升粉丝转化率

转化率是指期望行为人数与总人数的比值,而粉丝转化率则是指做出购买行为的粉丝在全体粉丝中的占比。提升粉丝转化率的关键在于留住粉丝,并促使粉丝做出购买决策。直播间主要可以通过下单满减、下单抽奖、饥饿营销和发送粉丝优惠券等方式提高粉丝转化率。

3.增强粉丝归属感

主播如果能让粉丝产生归属感,粉丝黏性就可能会大幅加强,从而吸引粉丝长期关注直播间,并自发地帮助主播维护直播间的气氛,或者宣传直播间。在抖音,增强粉丝归属感最好的方法就是引导消费者加入主播的粉丝团。加入粉丝团后,消费者就可以得到专属徽章及福利。消费者只要关注主播,就可以支付1抖币加入粉丝团,如图2-12所示。

图2-12 "加入粉丝团"页面

三、任务实践

抖音卖家开通抖音直播权限的操作如下。

打开抖音App,在下方点击"+"按钮,如图2-13所示。

进入拍摄页面后,在下方菜单最右侧点击"开直播"按钮,然后点击"开始视频直播"按钮,如图2-14所示。

在实名认证页面输入真实姓名、身份证号等信息,并点击"同意协议并认证"按钮,如图2-15所示。实名认证通过后,即可开始直播。

图2-13　点击"＋"按钮　　图2-14　点击"开直播"和　　图2-15　实名认证页面
　　　　　　　　　　　　　　　"开始视频直播"按钮

项目组各成员根据以上步骤，进行开通抖音直播权限的练习。

任务四　"社交＋拼团"——多多直播

一、任务导入

项目组分析的第三个直播平台是多多直播。项目组通过调查，认为拼多多是社交网络平台的典型代表，吸引了众多商家入驻。随着直播的快速发展，拼多多于2020年1月19日正式上线"多多直播"，让商家能够通过直播来销售产品，为店铺吸引更多流量。

多多直播对比其他直播平台有什么不同？如果选择多多直播作为直播平台，如何获取流量？

二、知识准备

（一）多多直播平台的特点和流量机制

1. 多多直播平台的特点

拼多多在近些年获得了快速的发展，已经成为国内较大的电子商务平台之一，它以"社交＋拼团"的模式吸引了大量的消费者，为消费者带来了全新的购物体验。多多直播的定位是为商家提供的一个运营私域流量的工具，其主要作用在于帮助商家将私域流量进行更好的裂变。

多多直播具有较强的社交属性，产品信息依靠消费者之间的相互分享得以传播，并且多多直播更像一种营销工具和服务形式，其核心任务在于帮助商家运营自己的私域流量。

2. 多多直播平台的流量机制

（1）多多直播的流量来源

一是平台推荐。拼多多会根据消费者的历史购物记录、浏览习惯等数据，向消费者推荐相关的直播内容。这种个性化的推荐能够引导消费者进入相应的直播间，为主播提供一部分流量。

二是热门榜单。多多直播设有热门榜单，将当前最受欢迎、最具吸引力的直播推荐给消费者。主播如果在直播中表现出色，就有希望进入热门榜单，从而获得更多曝光和流量。

三是搜索引擎。多多直播的内容也会通过搜索引擎被消费者发现，尤其是一些直播标题含有特定关键词、涉及特定品类产品的直播。因此，通过优化直播标题、描述等信息，主播可以提高自身在搜索引擎中的曝光度。

四是消费者分享传播。消费者在观看直播时，可以通过社交媒体平台、聊天工具等将直播间分享给好友，这种口碑传播也是多多直播流量的一部分来源。

五是平台广告位。多多直播在平台上会设置一些广告位，主播有机会通过投放广告获得更多的流量。这需要主播与平台合作，达成一定的广告投放协议。

（2）多多直播流量的影响因素

多多直播获得流量的时间节点，主要受以下因素影响。

一是品类热度。不同品类的直播在平台上的热度差异较大。一些热门的品类，如美妆、服饰，吸引流量的速度可能更快。

二是主播个人的影响力。有一定社交媒体粉丝基础或在其他平台有一定知名度的主播，更容易吸引用户在多多直播中关注和观看。

三是直播质量。直播的质量与消费者体验密切相关，高质量的直播内容更容易激发消费者的兴趣，从而获取流量。

四是持续运营。多多直播流量的积累需要主播的持续运营。只有在持续推出有吸引力的直播内容、与粉丝互动、提高直播质量的情况下，主播才能逐渐积累流量。

五是活动参与。直播间参与拼多多平台的一些活动，如热门品类榜单、节日促销等，能够在短时间内为主播带来更多流量。

（二）多多直播引流

1. 免费流量

（1）直播预告

商家可以发布直播预告，实现全天任意时间段为直播引流。商家发布直播预告后，直播预告会出现在关注动态和店铺首页上，消费者通过直播预告可以提前订阅直播，商家开播时系统会向订阅的消费者发送开播通知，从而将消费者吸引到到直播间。

（2）直播间包装

和抖音直播一样，消费者在进入多多直播广场浏览时，能够看到很多直播间。这时候，决定用户是否会进入直播间的很重要的因素就是直播间的包装。因此，商家一定要精心设计直播间的封面图和标题。

（3）直播短信提醒

拼多多为商家提供了短信营销工具，商家可以使用此工具向消费者发送直播提醒类短信，消费者可以点击短信中的链接直接跳转至直播间，方便快捷。与其他引流方式相比，短信引流的方式非常直接且成本较低，商家可以为潜在消费者群体推送开播提醒，从而实现精准营销。

2. 付费流量——"直播推广"工具

"直播推广"是拼多多为商家提供的一款直播间引流工具，商家开启"直播推广"工具后，系统会将商家的直播间投放到平台优质广告资源位上，让直播间获得千万级的流量曝光，实现直播间自主引流，从而提升直播间的人气，为直播间带来更多订单和更高的转化率。

"直播推广"工具会将直播间类目属性、主播讲解的产品等信息与消费者的历史行为数据等进行匹配,然后将直播间推荐给相应的消费者。

"直播推广"工具按照单次点击扣费,即系统向感兴趣的消费者展示商家的直播间,消费者点击进入直播间时,费用实时结算。

三、任务实践

多多直播商家开通多多直播权限的操作如下。

打开拼多多商家版 App,在下方点击"店铺"按钮,在"常用应用"区域点击"多多直播"按钮,如图 2-16 所示。

点击右上角按钮进入"设置"页面,绑定"多多进宝 PID",以启用"带货赚钱"功能,如图 2-17 所示。

图 2-16　点击"多多直播"按钮　　　　图 2-17　"设置"页面

返回多多直播页面,点击"创建直播"按钮,依次完成直播封面的设置、直播标题的设定、直播产品的选定,如图 2-18 所示。

进入"直播预览"页面,在此页面完成直播敏感词的设定、公告牌的设定后,点击"开始直播"按钮进入直播,如图 2-19 所示。

图 2-18 点击"创建直播"按钮

图 2-19 点击"开始直播"按钮

项目组各成员根据以上步骤,进行开通多多直播权限的练习。

任务五 依托社区属性——小红书直播

一、任务导入

项目组分析的最后一个平台是小红书。通过调研,项目组发现小红书作为分享生活的"种草"平台,也加入了直播功能,并且随着平台给予创作者更多的直播流量扶持,越来越多的小红书创作者打开直播镜头,通过直播和粉丝交流,并进行直播销售活动。

对比其他平台,小红书的优势在哪里?如何获取直播流量?

二、知识准备

(一) 小红书直播平台的特点和流量机制

1. 小红书直播平台的特点

(1) 基于社区而建立的直播电商模式

小红书是以 UGC（user generated content，用户生产内容）分享起家的社区电商平台，这就意味着所有产品都会自带流量寄存在这个平台上销售，因此无论是品牌还是商家，都需要重视内容的产出和质量，以吸引更多的消费者并提高购买率，在这种模式下，消费者的购物决策过程相对较长，所以品牌和商家需要更加注重消费者体验和服务质量。

(2) 多品类、多渠道合作与海外购品控

为了满足更多消费者的需求，小红书直播引入了多种不同类型的产品，并且有多个供应商支持。此外，对于一些经营进口产品或国外品牌产品的跨境电商来说，他们会选择让利给合作伙伴，或者邀请官方达人协助售卖自己的产品。

(3) 高质量的内容输出者聚集地

小红书上的美妆和生活类目较多，这也吸引了大量热爱生活的人加入其中，这些优质创作者不仅可以帮助品牌方打造爆款单品和 IP 形象，还能帮助产品筛选出适合自己的 KOL 进行重点投放，带来更好的曝光率和销量增长效应。

(4) 小范围本地营销活动占比大

针对小部分地理位置较近的消费者而言，小红书的促销作用更加明显。很多消费者可能会发现附近商圈中的美食、服装、配饰店铺中有大量的潜在好物可供挖掘，更容易做出购买行为。小红书在这个方面效果非常明显。

2. 小红书直播的流量机制

小红书直播的推荐机制有初筛、精筛和微调三个阶段。消费者的一篇笔记发出后，小红书会进行审核，将违法违规笔记删除，通过审核的笔记会进入精筛，根据笔记的标题、图片、内容等信息，系统会选择一部分消费者进行精准曝光。

如果一篇笔记在初始曝光阶段就拥有较高的点击率和阅读量，笔记互动（点赞、收藏、评论、转发、关注，简称赞藏评转关）高于大盘，那么小红书就会将笔记推送给更大的人群曝光池，若笔记依旧能在更大的曝光池中获得不错的点击率和互动量，则其会被继续推送给更大一些的曝光池。

以此类推，直到这篇笔记在对应的流量池的评判分值低于该流量池的推荐阈值，平台才会停止推荐。在这里，小红书的推荐机制主要是"点赞数×1分＋收藏数×1分＋评论数×4分＋转发数×4分＋关注数×8分"。

（二）小红书直播引流

1. 预热笔记

小红书的流量主要来源就是笔记，因此，在直播前发布预热笔记是十分必要的。主播在发布预热笔记时，要保持预热的整体节奏，一般要提前3—7天，以每天3—10篇笔记的节奏进行直播预热；主播可以在直播之前修改个人简介的内容，增加直播时间、直播主题等信息，来引导粉丝关注即将开始的直播。

2. 直播间包装

和抖音直播一样，消费者在进入小红书浏览时，能够看到很多直播间。这时候，决定消费者是否进入直播间的很重要因素就是直播间的包装。因此，商家一定要精心设计直播间的封面图和标题。直播间的封面图和标题可以突出直播利益点、直播关键词、直播场景等核心内容。

三、任务实践

小红书商家开通小红书直播权限的操作如下。

打开小红书App，点击最下方的"＋"按钮，如图2-20所示。

点击最下方的"直播"按钮，进入直播页面，如图2-21所示。

点击屏幕下方的"分享此刻的你"按钮，进入实名认证页面，填写真实姓名和身份证号，如图2-22所示。完成实名认证后，即可开始直播。

项目组各成员根据以上步骤，进行开通小红书直播权限的练习。

图2-20　点击"＋"按钮

图 2-21　进入直播页面　　　　图 2-22　实名认证页面

项目实训

◇ 实训背景

杭州市富阳区安顶云雾茶素以色翠、汤浓、味醇而扬名，原产于富春江两岸海拔 600 余米的高山上。安顶云雾茶外形扁平、光滑匀称、苗锋显露，色泽翠绿鲜润，具有独特的扑鼻清香，滋味鲜爽，汤色清澈明亮，叶底成朵，栩栩如生。小张家人就是安顶云雾茶的种植户，小张在学校学习了直播电商的知识后，暑假回家后想通过直播来帮助父母销售安顶云雾茶。表 2-3 中为小张家的安顶云雾茶相关信息。图 2-23 中为小张家的安顶云雾茶种植基地。

表 2-3　小张家的安顶云雾茶相关信息

项目	内容
产品	安顶云雾茶
产地	富春江两岸海拔 600 余米的高山上

续表

项目	内容
客单价	500元
特点	色翠、汤浓、味醇
消费者画像	40—60岁的中年男性，消费能力强
月销量	1000斤

图2-23　安顶云雾茶种植基地

◇ **实训要求**

根据实训背景，选择最适合小张家产品的直播电商平台。根据安顶云雾茶的特点及目标消费者的特点，为直播间设置直播头像、直播标题、直播简介。结合选定的直播平台，设计合适的直播流量获取方式，并给出理由。

◇ **操作提示**

首先分析各直播电商平台，将表2-4填写完整，并结合小张家产品的情况，选择合适的直播电商平台。

表2-4 直播电商平台分析

直播平台	特点	主播类别	消费者画像	产品画像	平均客单价
淘宝直播					
抖音直播					
多多直播					
小红书直播					

结合实际情况,给出合适的直播流量获取方式,将表2-5填写完整。

表2-5 直播流量获取方式

流量类别	具体获取方式
免费流量	
付费流量	

根据产品及目标消费者的特点,完成直播间包装,将表2-6填写完整。

表2-6 直播间包装

直播头像	直播标题	直播简介	主要内容	直播预告

本项目学习效果测评

知识测评		
知识点	评价指标	自评结果
直播平台分类	分类规则	□A+ □A □B □C □C−
直播平台分类	不同平台的优劣势	□A+ □A □B □C □C−
流量机制	淘宝直播	□A+ □A □B □C □C−
流量机制	抖音直播	□A+ □A □B □C □C−
流量机制	多多直播	□A+ □A □B □C □C−
流量机制	小红书直播	□A+ □A □B □C □C−
能力测评		
技能点	评价指标	自评结果
完成淘宝、抖音、多多、小红书直播平台的开播	淘宝直播	□A+ □A □B □C □C−
完成淘宝、抖音、多多、小红书直播平台的开播	抖音直播	□A+ □A □B □C □C−
完成淘宝、抖音、多多、小红书直播平台的开播	多多直播	□A+ □A □B □C □C−
完成淘宝、抖音、多多、小红书直播平台的开播	小红书直播	□A+ □A □B □C □C−
获取淘宝、抖音、多多、小红书直播平台的免费及付费流量	免费流量	□A+ □A □B □C □C−
获取淘宝、抖音、多多、小红书直播平台的免费及付费流量	付费流量	□A+ □A □B □C □C−
素养测评		
素养点	评价指标	自评结果
思政素养	职业道德要求	□A+ □A □B □C □C−
思政素养	法律法规要求	□A+ □A □B □C □C−
薄弱项记录		
我掌握得不太牢固的知识		
我还没有掌握的技能		
我想提升的素养		
教师签字		

项目三　直播电商运营筹备

学习目标

◇ 知识目标
（1）熟悉直播电商平台的工作流程。
（2）了解直播电商的3种定位类型。
（3）熟悉直播带货主播的岗位职责及素质要求。
（4）熟悉直播团队的构建方法。
（5）掌握直播主播人设的打造方法。

◇ 能力目标
（1）按照工作流程有序完成直播带货。
（2）能够找准直播带货的目标定位、用户定位、类型定位。
（3）能够完成直播团队的人员配置和组建方案。
（4）能够打造适合各种类型直播的主播人设。
（5）能够完成直播间的装修与布置。

◇ 素养目标
（1）引导学生全面规划运营策略，确保运营活动的有序进行。
（2）引导学生形成进行市场调研和竞品分析的能力，为运营活动提供有力支持。
（3）强调团队协作和资源整合的重要性，提升整体运营效果。

工作场景与要求

小张所在的项目组接到教师布置的任务后，迅速投入并开展相关工作。经过调研，项目组成员认为，为了更好地开展直播工作，商家必须事先对各项工作进行筹备与规划，否则直播带货可能无法顺利进行，预期的销售目标也难以实现。随后，项目组讨论决定，要通过直播来增加农产品营收，提升产品竞争力，打造可持续竞争的品牌，就要从熟悉直播工作流程、确定直播定位与规划、组建直播团队、打造主播人设、搭建直播场景等方面开展直播带货运营筹备工作。

任务一　熟悉直播工作流程

一、任务导入

小张所在的项目组接到任务以后，对此非常重视，马上召开会议，大家对通过直播销售农产品充满信心。大家一致认为，这是当前最流行的互联网销售模式，必须利用现有的资源迅速在直播领域开创新局面。但由于项目组成员先前都没有接触过完整的直播销售流程，只知道直播热度很高，对其本质与流程缺乏研究与分析。为此，项目组决定，为了保证直播带货工作顺利推进，各成员必须先熟悉直播带货工作的完整流程，分析和规划需要的人力、物力、财力资源。

要进行直播带货，需要做哪些准备？农产品以前以线下销售为主，一旦开始通过直播销售，商家应当如何协调线上和线下渠道？

二、知识准备

在整场直播带货中，消费者直接接触的对象是主播，所以，很多消费者可能认为直播就是主播从开始直播到结束直播的整个过程。其实不然，直播是一个复杂的过程，完整的直播涉及直播筹备、直播执行、直播复盘等环节。

（一）直播筹备

直播筹备环节就是直播的前期准备环节。该环节涉及的具体事项如表3-1所示。

表3-1　直播筹备环节涉及的具体事项

事项	说明
确定直播团队成员	确定直播团队成员的人员配置和职能分工，保证团队成员各司其职，协作完成直播；另外，主播要提前熟悉直播流程和产品，以饱满的情绪和状态面对消费者
定位目标消费者	直播团队必须精准定位目标消费者，根据目标消费者的特点和需求来策划直播内容

续表

事项	说明
选择并布置直播场地	根据直播的需要,直播团队必须选择合适的直播场地,如办公室、种植基地等,并适当布置场地,创造美观、真实的直播环境
准备直播设备	直播团队要准备直播中需要的软硬件设备,如智能手机、网络设备、支架、话筒、声卡、补光灯等,并提前调试好设备,防止设备发生故障
准备直播物料	准备直播需要使用的产品样品和辅助道具(手写板、计算器等),还需要准备直播封面图、直播标题、直播脚本等
确定直播时间	确定开播的频率和开播时间,将其固定下来,以培养消费者的观看习惯,形成较稳定的观看群体
做好直播宣传	提前在各大平台(如微信、微博、小红书等用户活跃度较高的平台)宣传直播间,让更多消费者知晓直播信息,吸引消费者观看

(二)直播执行

直播执行环节指的就是从直播正式开播到下播的整个过程。按照直播阶段的不同,可以将直播执行环节拆解为直播开场、直播过程和直播结尾三个部分。

1. 直播开场

直播开场一般包含主播自我介绍和直播活动的主题介绍,目的是使消费者对本场直播活动产生兴趣,从而长时间停留在直播间,并将直播间分享给更多消费者。

2. 直播过程

在直播过程中,主播介绍和讲解产品,以强调产品卖点、突出产品性价比、及时引导消费者下单和答疑解惑为主,使消费者了解产品、品牌,对产品产生兴趣。在这个过程中,大多数主播都会通过发放红包或优惠券、才艺表演、打折等方式,刺激消费者做出购买行为。

3. 直播结尾

在直播结尾环节,主播一般会向消费者表达感谢,并预告下一次直播活动的内容,引导消费者关注直播间账号,引导消费者加入粉丝群,将消费者转化为粉丝。

(三)直播复盘

直播复盘是整场直播的最后一个流程。直播复盘是指在直播结束后,直播团队回顾、分析整个直播过程,总结相关经验。总体来说,直播复盘工作主要包括以下两个方面的内容。

1. 直播过程复盘

直播过程复盘指的是直播团队开展讨论和总结,了解团队成员的工作是否执行到位、选品是否成功、遇到的问题以及如何解决问题等。在讨论结束后,直播团队可以整理讨论结果,积累相关经验,形成标准化的执行流程,从而全面提升直播的执行效率。

2. 直播数据复盘

直播数据复盘指的是直播团队分析直播数据,包括直播间累积观看人数、平均在线人数、人气峰值、平均停留时长、累积订单量、销售额等。直播团队需要将这些数据与目标进行对比分析,判断直播的效果。

三、任务实践

以服装类产品为例,其直播话术如表3-2所示。

表3-2 服装类产品直播话术

流程	步骤	直播话术
直播开场	主播自我介绍	大家好,欢迎各位姐妹来到我们的直播间。我是主播×××,欢迎×××。今天是国际劳动妇女节,我们习惯称它为"女神节",在这个特别的节日里,先预祝各位女神购物愉快。我今天会为大家介绍以下产品。
	活动主题介绍	今天,主播为大家准备了一些礼品,也准备了一些抽奖活动,还有一些秒杀券,同时还有以下几种适合女性提升气质的饰品。大家都有机会获得这些产品,都能参与我们的抽奖……姐妹们可以先转发我们的直播间,通知身边的朋友也来观看直播,人多力量大,争取抽个全家桶,人人都中奖。

续表

流程	步骤	直播话术
直播过程	价值开发	直播间的姐妹们，我先为大家展示一下衣服的效果。今天的衣服，价格不是由我决定的，而是由你们决定，现在，大家在直播间把"1"刷起来，人数越多，我们赠送的礼品就越多，优惠幅度也越大。今天，大家都在直播间购买，买的多的，还有其他小礼物赠送。
	产品介绍	姐妹们，你们有没有烦恼自己胯宽？有没有烦恼小肚子上的赘肉？特别是生过孩子的姐妹们，你们是不是不知道在什么场合穿什么样的衣服？有没有经常因为没有合适的衣服穿而犯愁？你们有没有衣服穿两月就缩水变小的，洗几次就掉色严重的，洗一次就开始掉毛的？有的话请在公屏上打"有"。 　　其实，我也是一位妈妈。生过孩子后，我就再也不敢穿一些修身款的衣服。特别是每次出门和朋友聚会，看着别人打扮得光鲜得体，我都很没有自信。其实，很多妈妈都有身材方面的焦虑，每次看见自己喜欢的衣服，只要自己一试穿，身材缺陷就立即暴露出来了。所以很多姐妹和我一样，不敢轻易买新衣服。 　　今天，我为大家推荐一款不挑身材的连衣裙。这款连衣裙剪裁非常好。我体重126斤，姐妹们请看，我穿上是不是很显瘦？肚子上的赘肉一点都看不出来，是吧？ 　　我今天为大家推荐的这款连衣服真的非常百搭。不管是20岁的大学生，还是30岁的职场白领，穿上它都非常合适。这是因为这款连衣裙没有太浮夸的设计，版型适中，面料有弹性，穿上显得非常有气质。我今天一试穿，就感觉非常好，大家觉得好看吗？ 　　今天，凡是关注了直播间的姐妹，都能领取超级福利。大家看到了吗？这件衣服在天猫店铺售价是1000元。今天，只要是关注了咱们直播间的姐妹，我为你们准备了超级福利。等一会儿，我数到10，大家立即拍下，只需要398元就可以买到这款原价1000元的连衣服。同时，我们还送您可以搭配裙子的帽子、墨镜。赠品数量有限，所以大家下单的时候动作一定要快。现在，我们开始倒数10个数。10，9，8，7，6，5，4，3，2，1，好，客服把价格改回来。
	促销对话	我们的连衣裙一共有4个颜色。喜欢的姐妹可以在直播间左下角购买。我身上穿的这件衣服，我们会给大家提供特别优惠，您如果买两件，就能获得小礼品，仅限今天。我们限时做一场秒杀活动，在活动期间，姐妹们可以获取有效的秒杀券，然后再去下单。在下单之前，您只需要联系客服领取优惠券，备注送小样，我们就有护肤品、丝巾、帽子赠送。下面主播为演示如何领取优惠券……领取成功之后，大家可以返回直播间下单，下单时记得备注"送小样"。

续表

流程	步骤	直播话术
直播结尾	引导关注并预告下场直播	各位姐妹,今天的直播到这里就要结束了,感谢各位姐妹陪伴主播度过这愉快的两个小时。大家动动手,为主播点关注,这样下次主播为大家送福利的时候,大家就可以在第一时间收到消息了。大家点击右上方的"关注",主播再为大家送一张10元优惠券,大家下次直播的时候就可以使用。感谢各位的陪伴,我们明天晚上8:30,不见不散。明天晚上主播也会为大家带来非常多好看的衣服。大家别忘了点关注。晚安,各位小伙伴们。

项目组成员观看一场直播电商带货活动,并提炼其直播开场、直播过程和直播结尾的常用话术模板。

任务二 直播运营定位与规划

一、任务导入

小张所在的项目组在熟悉直播工作流程以后,马上对A县农产品直播助农项目进行直播销售的规划与定位分析。项目组确定销售目标为:完成销售额5000元,新增粉丝800人;购买群体为26—35岁的女性用户,以新锐白领和年轻妈妈为主。项目组成员通过讨论,决定在抖音平台开展直播带货活动。

项目组确定这样的销售目标,其依据是什么?是否合理?如不合理,应该如何调整?

二、知识准备

在确定直播运营整体规划时,我们首先要对直播运营的目标、用户和类型进行定位。能否做出准确的定位是制订一切运营计划的前提,直接决定着直播带货能否达到的预期目标。

(一)目标定位

对于商家而言,直播是一种营销手段,所以直播中不能只有单纯的才艺展示或话题分享,而是要围绕品牌方的营销目标来开展直播活动,否则直播就无法为品牌方创造实际效益。在直播前,商家需要先确定直播目标。

在确定直播目标时，品牌方应遵循SMART原则，并尽力使目标科学化、明确化、规范化。SMART原则的具体内容如图3-1所示。

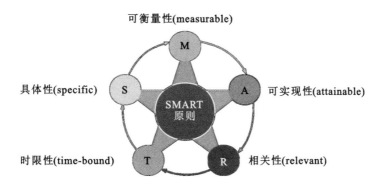

图3-1　SMART原则

1. 具体性

具体性（specific）指的是用具体的语言清楚地说明直播要达成的目标。确定直播目标时要结合特定的指标，不能太笼统。例如，"借助此次直播提升品牌影响力"就不是一个具体的目标，而"借助此次直播增加品牌官方微信公众号的粉丝数量"就是一个具体的目标。

2. 可衡量性

可衡量性（measurable）要求直播目标应为数量化的或行为化的内容，应该有一组明确的数据作为衡量目标是否达成的标准。例如，"利用此次直播提高店铺的日销售额"就不是一个可衡量的目标，而"通过此次直播，使店铺的日销售额达到30万元"就是一个可衡量的目标。

3. 可实现性

可实现性（attainable）指的是目标要客观，是通过付出努力就可以实现或接近实现的，不是遥不可及的。例如，品牌方开展的上一场直播吸引了10万人观看，如果品牌方将此次直播的观看人数设定为200万人，显然这个目标有些不切实际，难以实现，而将目标观看人数设定为12万人或15万人则是有可能实现的。

4. 相关性

相关性（relevant）要求直播的目标与品牌方设定的其他营销目标相关。例如，很多品牌方会在电商平台运营网店，品牌方将某次直播的目标设定为"网店24小时内的订单转化率提高80%"，这个目标是符合相关性要求的；但如果品牌方将某次直播的目标设定为"将产品的生产合格率由91%提高至96%"，这个目标是不符合相关性要求的，因为直播是不太可能帮助生产商提高产品合格率的。

5. 时限性

时限性（time-bound）指的是目标的达成要有时间限制，这样目标才具有督促作用，才能避免拖延。比如，"通过直播让新款产品销量突破10万单"这个目标是没有时限性的，而"直播结束后24小时内新款产品销量突破10万单"这个目标则是具备时限性条件的。

（二）用户定位

在进行直播运营定位时，商家不能单纯地从产品入手，还要充分考虑用户的特点和需求，这就需要利用用户画像。用户画像又称用户角色，作为一种勾画目标用户、联系用户诉求与设计方向的有效工具，可以帮助商家更加快速、准确地处理信息。

1. 了解用户画像

用户画像是建立在一系列真实数据之上的目标群体的用户模型。根据用户画像，商家可以勾勒出所有用户的个人信息，找出拥有共同兴趣爱好、共同特征的用户群体，从而进行更精准的营销，提供更优质的产品和服务。

用户画像中包含的用户个人信息包括目标用户所具备的属性，如性别、年龄、学历、健康状况、职业、婚姻状况、收入、文化水平、爱好等（见图3-2）。依据这些信息，商家可以准确地描绘用户画像，制订有针对性的营销策略。

图3-2　用户画像中包含的个人信息

2. 收集用户信息数据

用户信息是指用户在网上观看和传播相关文字、图片、音频、视频的各种数据。通过收集这些数据，商家能够对直播平台用户的特征进行归纳。常见的用户信息数据包括用户规模、日均活跃用户数量、使用频次、使用时长、性别分布、年龄分布、地域分布、活跃度分布、教育背景、行业特征等。

3. 描绘用户画像的步骤

商家首先需要采集与用户相关的数据，再对采集的数据进行整理，最后利用整理好的数据来描绘用户画像。

（1）采集数据

商家可以通过内部管理系统、专业数据机构、社会调研、网络平台等渠道采集数据。例如，"生意参谋"网站分别整合量子恒道、数据魔方，最终升级成为阿里巴巴商家端统一数据产品平台，能为多家电商平台提供数据查询、分析等服务。

（2）整理数据

商家在采集完数据后，由于数据来自不同平台，有可能出现缺失、错误或重复等问题，商家需要对数据的内容和格式进行整理，使采集的数据具有分析价值。

（3）描绘用户画像

商家想描绘精准的用户画像，就必须以整理过的用户数据为基础，可使用Excel的数据透视表和数据透视图功能来完成用户画像。

（三）类型定位

直播带货以场景真实为主要特征，为了吸引用户观看直播，商家需要根据实际情况选择比较具有看点的直播带货类型。常见的直播带货类型有以下几种。

1. 直接展示型

直接展示型直播带货就是我们常说的"硬广"[①]，带货的重点主要是介绍产品

[①] "硬广"，即硬广告，指直接介绍产品、服务内容的传统形式的广告，通过报刊、户外广告、电视等进行宣传（区别于软广，即软广告）。

的卖点，比如产品知识、使用攻略、品牌介绍等，这类产品并不需要过多的介绍，普通用户在日常生活中都会接触到，所以带货的侧重点集中在品质、设计、价格方面。

2. 场景代入型

人们对这类产品也都有所了解，但是在日常生活使用得少。在直播带货的时候，商家可以把重心放在展示方面，比如介绍产品如何使用、如何保养、不同的使用方法等。这特别适合进行健身器材、高端厨具的推广，通过全程呈现产品的使用方法来提升消费者的关注度，从而进行带货。

3. 原产地直播

进行直播的时候，商家可能会把直播的场地选在原产地、供应商等处，这样可以让消费者觉得货源有保障，消费者也可以直接看到仓库或者农产品生产地的情况。常见的方式有去产品仓库实地展示、介绍，去种植农产品的田间地头，相比在直播间介绍产品，这往往更加生动形象。

> **课堂讨论**
>
> 项目组成员观看一场服饰类直播，然后进行讨论，确定该场直播的用户定位以及类型定位。

三、任务实践

笔者以余姚杨梅为例，描述直播带货的定位（见表3-3）。

表3-3 仙居杨梅直播带货的定位

项目	内容	规划依据
目标定位	预计销售额5000元，新增粉丝800人	直播间余姚杨梅日常售价为99元/3斤，库存量为5000斤，本场直播据此确立了目标定位
用户定位	目标用户群体为26—35岁的女性用户，以新锐白领和年轻妈妈为主	新锐白领和年轻妈妈都有注重品质、注重食品安全的消费偏好，本直播间销售的余姚杨梅均来自产地，品质非常好

续表

项目	内容	规划依据
类型定位	原产地直播带货	直播间售卖的余姚杨梅都来自产地,这是核心卖点之一,所以主播选择在原产地进行直播;主播不大声吆喝,不催大家下单,直播现场也没有"气氛组";主播认真地讲解产品,整个直播间的氛围是安静、温馨的,不会有紧张的情绪,这样能使消费者感受到田间地头的氛围,清楚地了解余姚杨梅;这种直播不喧哗,不吵闹,能够快速吸引并留住很多粉丝,他们不仅愿意立刻下单,而且很多人成为直播间的回头客

项目组成员选取自己家乡具有代表性的一款农产品,完成直播带货的定位。

任务三　直播团队组建

一、任务导入

一场优质的农产品直播需要专业团队的密切配合,策划、统筹、拍摄、客服等岗位缺一不可,这就需要直播团队不断地吸纳和培养相关人才,壮大农产品直播带货队伍。A县启动了"共富项目",计划安排运营岗位1人、策划岗位1人、场控岗位1人、主播1人,共计4人组成直播团队,4人根据自身特点各司其职,明确各岗位职责,参与了相关培训。

请对直播团队的人员结构进行分析。明确各岗位职责与各岗位要求的依据是什么？如果项目组目前只能安排两人开展直播工作,请问应如何设置其岗位,才能较合理地完成任务？

二、知识准备

要想做好直播带货工作,组建高效的直播团队是非常有必要的。那么,如何组建一个高效的直播团队呢？这就需要商家了解直播团队的人员配置和组建方案,然后根据自身的需求和预算组建直播团队。

（一）直播团队的人员配置

直播团队的架构、人员配置会因业务需求不同而有所不同。一般而言,直播团队大多会涉及主播、副播、助理、场控、策划、运营、投流、客服等人员，具体如表3-4所示。

表3-4 直播团队的人员配置

人员	职责
主播	主要负责在直播中出镜，具体工作包括介绍与展示产品、与粉丝互动、引导粉丝关注并购买、参与直播筹备与复盘等
副播	协助主播完成工作，包括制造话题、烘托气氛、担任临时主播等，也可以在主播短暂离席时补位，并及时应对直播间出现的紧急情况
助理	负责直播预热引流工作，准备直播产品和道具，与主播积极互动等
场控	负责软硬件调试及整场直播的后台操作，协助主播把控直播间氛围和节奏，监测与反馈直播间数据，处理直播间出现的突发状况等
策划	负责策划直播方案，设计产品脚本、活动脚本、话术脚本，并策划直播预热宣传方案、引流方案和粉丝福利方案等
运营	负责整场直播的运营，包括选品、产品规划、广告投放、直播间账号日常运营、直播数据统计与分析等；此外，还可能需要对接其他部门，协调直播团队和商家之间的关系
投流	在直播间开展流量投放，及时为直播间带来精准的付费人群
客服	与消费者互动并为消费者解答问题，处理产品发货及售后问题

（二）直播团队的组建方案

组建直播团队是一个循序渐进的过程，直播团队的人员配置是非常灵活的。总的来说，根据预算和发展需求的不同，直播团队的组建方案主要有以下三种。

1. 低配版团队

如果商家的预算不多，那么就可以构建一个比较精简的低配版直播团队，即至少配置1名主播和1名运营人员（如表3-5所示）。该配置对运营人员的要求较高，运营人员需同时承担副播、助理、场控、策划、运营、客服、投流等岗位的工作。也就是说，运营人员既要懂技术，会分析数据，又要会策划，能控场，还要掌握流量投放技巧。

知识拓展3-1
电商主播岗位的
具体要求

表3-5 低配版团队人员构成及职能分工

岗位	主要职能
主播（1人）	熟悉产品脚本和活动脚本，做好复盘，控制直播节奏，运用话术进行直播，总结情绪、表情、声音对直播的影响等
运营（1人）	处理营销任务分解、结构规划、产品组成规划、陈列规划、品类规划、直播间数据运营等工作
运营（1人）	策划粉丝权益活动、直播间促销活动，投放流量资源
运营（1人）	策划产品脚本、下单角标、活动脚本，以及主播的妆容、服饰、道具等
运营（1人）	调试直播设备，设置和发放优惠券，配合主播烘托直播间气氛，在后台回复消费者的提问

2. 标准版团队

如果个人或商家的预算充足，或业务规模壮大，那么就可以组建一个标准版直播团队。一般来说，标准版直播团队通常会配置1名主播、1名运营、1名策划、1名场控，如表3-6所示。

表3-6 标准版团队人员构成及职能分工

岗位	主要职能
主播（1人）	熟悉产品脚本和活动脚本，做好复盘，控制直播节奏，运用话术进行直播，总结情绪、表情、声音对直播的影响等
运营（1人）	处理营销任务分解、结构规划、产品组成规划、陈列规划、品类规划、直播间数据运营等工作
策划（1人）	策划粉丝权益活动、直播间促销活动，投放流量资源
策划（1人）	策划产品脚本、下单角标、活动脚本，以及主播的妆容、服饰、道具等
场控（1人）	调试直播设备，设置和发放优惠券，配合主播烘托直播间气氛，在后台回复消费者的提问

3. 高配版团队

随着商家业务规模不断发展壮大，在资金允许的情况下，商家可以考虑将标准的直播团队升级成一支成熟、完善的直播团队。高配版团队的人员较多，分工更细化，工作流程更清晰，其人员构成及职能分工如表3-7所示。

知识拓展3-2
直播策划岗位的
具体要求

表3-7 高配版团队人员构成及职能分工

岗位		主要职能
主播团队（3人）	主播	在开播前熟悉直播流程、产品信息以及直播脚本
		介绍、展示产品，与消费者互动，活跃直播间的气氛，介绍直播间的福利
		在直播结束后做好复盘工作，总结话术、情绪、表情、声音对直播的影响等
	副播	协助主播介绍产品，介绍直播间福利活动，在主播短暂离席时补位
		主播因故缺席时可以主持直播活动
	助理	准备直播产品、道具等
		配合主播工作，做主播的模特、互动对象，完成画外音互动等
策划（1人）		规划直播内容，确定直播主题，准备直播产品
		做好直播前的预热宣传，规划好开播时间段，进行直播间外部导流和内部用户留存等
编导（1人）		撰写产品脚本和活动脚本，关注话术脚本，控评话术脚本
		做好封面场景策划，以及下单角标、主播妆容、服饰、道具等的设计
场控（1人）		做好直播设备（如摄像头、灯光等相关软硬件）的调试
		负责直播中控台的后台操作，包括直播推送、产品上架、直播实时数据监测等
		接收并传达指令，例如，当直播运营有需要传达的信息，场控在收到后要及时将其传达给主播和副播，由他们告诉用户
运营（2人）		负责营销任务分解、货品组成规划、品类规划、结构规划、陈列规划、直播间数据运营、活动宣传推广、粉丝管理等
店长导购（1人）		辅助主播介绍产品特点，强调产品卖点，为用户"种草"，同时协助主播与用户互动

续表

岗位	主要职能
拍摄剪辑 （1人）	负责视频（直播花絮、产品相关信息视频）的拍摄、剪辑，辅助直播工作
客服 （2人）	配合主播与用户进行在线互动和为用户答疑，修改产品价格，上线优惠链接，转化订单，解决发货、售后等问题

三、任务实践

我国的农产品市场规模庞大，但农产品销售一直面临着供求信息不对称、农产品品质参差不齐、农产品品牌没有知名度等问题，这些问题也一直困扰着诸多农产品商家。要想解决这些问题，靠个人的力量无疑比较困难，因此可以组建一个构架合理且优秀的营销团队，利用团队的力量进行农产品营销。

"红小播共富工坊"位于浙江省衢州市柯城区万田乡，它通过充分发挥电商直播这一新业态的作用，聚焦宠物特色产业"它经济"，打造集生产、销售、售后为一体的电商直播式工坊，将产业链延伸到农户家门口，实现"企业＋村集体＋农户"三方共赢，带动村集体致富、村民增收。

表3-8中为"红小播共富工坊"团队介绍。结合你所学的知识，分析这个团队的人员和岗位设置是否合理，并说明理由。

表3-8 "红小播共富工坊"团队介绍

团队	岗位	主要职能
直播团队	主播 （1人）	在开播前协助选品，熟悉直播流程、产品信息以及直播脚本内容
		介绍、展示产品，与用户互动，活跃直播间气氛，介绍直播间的福利
		在直播结束后做好复盘工作，总结话术、情绪、表情、声音对直播的影响等
	副播 （1人）	协助主播介绍产品，介绍直播间福利，在主播短暂离席时补位
		主播因故缺席时可以主持直播活动
	中控 （1人）	准备直播产品，负责红包及优惠券的上架和下架等
		配合主播工作，做主播的模特、互动对象，完成画外音互动等
	运营 （2人）	负责营销任务分解、货品组成规划、品类规划、结构规划、陈列规划、直播间数据运营、活动宣传推广、粉丝管理等
		做好直播设备（如摄像头、灯光等相关软硬件）的调试

续表

团队	岗位	主要职能
直播团队	场控(1人)	负责直播中控台的后台操作,包括直播推送、直播实时数据监测等
		接收并传达指令,例如,当直播运营有需要传达的信息,场控在收到后要及时将其传达给主播和副播,由他们告诉用户
视频团队	策划(1人)	规划直播内容,确定直播主题,准备直播产品
		做好直播前的预热宣传,规划好开播时间段,进行直播间外部导流和内部用户留存等
	编导(1人)	撰写产品脚本和活动脚本,关注话术脚本,控评话术脚本
		做好封面场景策划,以及下单角标、主播妆容、服饰、道具等的设计
	拍摄剪辑(1人)	负责视频(直播花絮、商品相关信息视频)的拍摄、剪辑,辅助直播工作
店铺团队	选品(2人)	在直播开始前进行选品,选择适合直播间风格并符合消费者需求的产品
	美工(2人)	负责产品主图、产品详情页的设计等
	客服(2人)	配合主播与用户进行在线互动和为用户答疑,修改产品价格,上线优惠链接,转化订单,解决发货、售后等问题
	仓储发货(2人)	负责订单管理、产品发货和退货等问题的处理

任务四　主播人设打造

一、任务导入

目前,新农人[①]主播已经成为农产品电商直播的主力军。广大乡村依靠密集的人情网络紧密连接,有着"熟人社会"的鲜明特征,这使得乡村的成功创业实例有了被模仿

---

① "新农人"这一概念早期多在新闻媒体报道中出现,且多与"创新创业""返乡青年"等主题词联系起来。它是指在互联网时代拥有互联网思维,且具有一定农业知识和技术,秉持生态农业理念,辅助农户实现农产品市场流通的新兴群体。

和学习、普及的可能。直播团队组建完成后，项目组确定了外外形象好、气质佳，且比较有亲和力的娜娜作为团队的主播。娜娜是一名学习并掌握了电商专业知识的大学生，恰好她的家乡就有许多优质的农产品，她也希望为家乡的农产品代言，为家乡的乡村振兴事业贡献自己的力量。经过市场调研，项目组发现本次直播带货面向的群体主要为26—35岁的新锐白领和年轻妈妈，他们注重食品品质，喜欢绿色农产品。娜娜的家乡盛产绿色无污染、不打农药、现摘现发的葡萄，价格亲民，物流为顺丰冷链包邮。项目组计划在葡萄园借助抖音平台开展现场直播销售活动，以此助推家乡葡萄销售，让消费者买到货真价实、绿色无污染的优质葡萄。

上述材料中，娜娜作为主播的人设是什么？这一人设能传达给用户什么样的理念？

二、知识准备

主播是直播间的核心，在某种程度上，我们可以说，用户对主播的认知和印象决定了用户对直播间的评价。主播的鲜明人设也使直播间更容易被用户识别和铭记。人设即对人物形象的设定，主播在直播中塑造其独特风格，逐步形成个性化标签，主播人设也应运而生，用户一旦对主播产生信任，就更愿意购买主播推荐的产品。由此可见，主播人设打造尤为重要。

（一）主播的必备能力

主播的必备能力主要包含两方面的内容：基本能力和销售能力。

1. 基本能力

主播表现的好坏，决定着直播是否能够吸引用户关注，所以，主播基本能力的强弱是直播能否获得成功的关键要素。主播直播的基本能力分为四个方面的内容：形象管理能力、语言表达能力、灵活应变能力和正向的价值观。

（1）形象管理能力

主播需要有精致的妆容。在直播间，主播通过镜头直接面向用户，因此主播应该向用户展示自己美好的一面。对于女性主播来说，精致的妆容是主播尊重自己和用户的体现，能够吸引更多用户关注。男性主播也要注意面部整洁。

主播的着装要得体、整洁。对于主播来说，着装要以简洁、自然、大方为原则，契合直播主题，与直播内容、直播环境、用户群体特征等一致，切忌为引人注目而身着奇装异服或穿着过于暴露。所选产品也要与主播形象相符合。例如，气质活泼可爱的主播可以推荐有创意、好玩、新奇的产品，这样更能吸引年轻的消费者；气质成熟稳重的主播可以推荐高级时装、家居类产品。

(2)语言表达能力

主播需要通过语言向用户展示产品。对主播而言,要想获得用户的认可和支持,除了保持良好的形象以外,还要具有良好的语言表达能力。主播在语言表达能力方面的要求主要有四个:一是语言要有幽默感,幽默的语言能够增添直播的趣味性,容易吸引用户的注意力;二是语言要有亲和力,具有亲和力的语言表达会让用户感觉到舒心和亲切,从而更愿意信赖主播,增加在直播间的停留时长;三是积极互动、有效沟通,主播与用户互动交流时要充满真情实感,在表达方面要逻辑清晰,探究用户的真实意图;四是要有丰富的表达内容。

(3)灵活应变能力

主播也是销售人员,不仅要会推荐产品,而且要能快速解答用户的各种提问。由于直播的特殊性,即使主播前期的准备工作做得无比充分,在直播过程中也难免会发生意外状况,这时,主播的灵活应变能力就显得非常重要。有经验的主播面对意外状况时,能保持冷静、沉稳,机智地应对。

(4)正向的价值观

主播在某种程度上可以被看作公众人物,其一言一行都会被很多人看到。主播应当坚持正确的政治方向、舆论导向和价值取向,崇尚社会公德,恪守职业道德,坚持健康的格调和品位,自觉摒弃低俗、庸俗、媚俗等低级趣味,自觉反对流量至上、畸形审美、拜金主义等不良现象,引导用户文明互动、理性表达、合理消费。

2. 销售能力

主播要想成功地通过直播带货,除了基本能力外,还必须具备销售能力。销售能力可以细分为产品讲解能力、带货能力和直播控场能力。

(1)产品讲解能力

主播需要通过自己在直播过程中对产品的讲解促成交易,实现销售,因此主播需要具有一定的产品讲解能力。这需要主播熟练掌握产品的基础知识,全面了解产品信息,清楚产品卖点,在讲解产品时能够突出产品亮点,灵活运用专业词汇为品牌背书,并合理延伸话题,从而提升用户信任度。

(2)带货能力

主播在直播过程中扮演的是销售者的角色,因此需要具备一定的带货能力。对于主播而言,带货能力的提升不是一蹴而就的,而是需要在实践过程中循序渐进地进行提升。主播要掌握基础知识，熟悉产品信息，清楚产品卖点，能够及时解答用户提出的问题。此外，主播要进行场景化销售，洞察用户心理，熟悉用户需求，营造不同的产品应用场景，为用户提供有针对性的解决方案。

（3）直播控场能力

主播的直播控场能力体现在根据直播流程，在直播的过程中把控直播间的氛围，控制直播的节奏，引导用户互动，进而促成用户下单。直播控场能力表现在三个方面。一是营造适宜的直播间氛围。良好的直播间氛围可以使用户沉浸其中，提升用户的观看体验，延长用户停留时长，从而带动用户下单，获取转化。二是合理安排与讲解产品。在直播过程中，主播需要介绍的产品有很多，而在开始直播后主播可能会遇到有的产品反馈较差、有的产品反馈较好的情况，此时，主播需要根据现场状况对产品的介绍时长和顺序进行灵活调整。三是与用户展开互动，具体互动形式包括发放红包、赠送福利等。

（二）主播的人设定位

人设即人物的设定，主播的人设是用户识别主播的依据，主播的人设定位要结合主播自身的特点，并适当放大其闪光点，展现主播的真实特质，以吸引和感染用户。对于新手主播而言，可以尝试根据行业热门主播的人设定位，结合自身特点来塑造人设。

1. 人设定位方向

直播电商行业的主播人设主要有以下三种定位方向。

（1）泛娱乐达人

泛娱乐达人主要是通过展示才艺，如唱歌、跳舞、拉小提琴等，建立独特的个人形象，进而打造出的一种人设。

（2）专业达人

专业达人是基于主播自己的兴趣爱好、特长、专业等打造的人设，如美妆达人、服饰穿搭达人等。

（3）专家学者

专家学者一般是基于自己的职业而形成的人设定位，具备专业知识和能力，一般需要通过机构或职称认证，所以很难批量复制，但是这类人设可以在短时间内获取用户信任，更容易促成转化。

2. 明确人设定位

我们可以通过不同的维度，为主播打造合适的人设。表3-9中是人设定位维度及说明。

表3-9 人设定位维度及说明

人设定位维度	说明
"我是谁"	主播在打造人设时应先确定身份，如创始人、职场人士、乐器爱好者等；其次要确定形象，增强辨识度，使形象统一
"目标用户是谁"	主播在进行人设定位时，应充分考虑人设面向的目标用户群体，这样才能投其所好，打造有针对性的人设；定位目标用户群体时，主播需要分析目标用户的性别、年龄、性格、受教育程度、收入水平、消费能力等
"提供什么"	"提供什么"即内容的价值输出，如提供低价好货、分享生活技能等
"在什么地方"	这指的是主播耕耘的领域和平台，包括：公域类，如淘宝、抖音等；私域类，如快手、微信等；线下类，如供应链基地、实体店等
"解决什么问题"	解决用户痛点，满足用户需求

（三）打造主播人设的步骤

1. 进行市场调研

通过市场调研，商家可以获得丰富的市场信息，帮助主播了解市场可能的变化趋势以及用户潜在的购买动机和需求，有助于主播根据市场需求确定需要深耕的类目和方向。通过市场调研，主播还能了解当前相关行业的发展状况和技术经验，了解在该类目下竞争对手有哪些，并分析竞争对手的优劣势，从而确定最合适的定位。

2. 提炼闪光点

提炼闪光点，即挖掘主播个人的核心优势，具体可以从主播的外表、性格、特长等方面入手，也可以在学习历程、工作经验、生活经历、独特技能、个人荣誉等方面寻找主播与其他主播的不同之处。

3.增强自身的辨识度

主播要寻找自身的特点和优势，找到自己比别人做得更好的地方，找到适合自己的专属标签，突出自己独特、别致、与众不同的一面，从而在直播过程中增强自身的辨识度，这也是主播打造人设的重要方法。有辨识度的主播是直播间的亮点。

4.挖掘用户的需求

许多头部主播都具有一个共同点，即在某个领域做得非常好，可以满足用户某一方面的需求。只有用户认为主播的内容对他是有意义、有价值的，他才会被主播吸引过来，并产生购买行为。这就要求主播始终牢记带货目标，打造出具有粉丝黏性的人设。

5.打造有风格的话术

打造颇具个人特色的直播话术有利于主播销售产品。为此，主播需要积极积累经验，多听、多练、多总结。主播要学会解构其他优秀主播直播话术中的逻辑，分析其切入话题的方式，说话时的动作、语气、节奏，甚至眼神等，从中汲取经验，从而不断提升自己直播时的语言表达能力。

6.结合目标用户群体的需求调整人设

主播在打造人设时要充分考虑目标用户群体的需求，通过对目标用户群体的调研，明确用户画像，继而从目标用户的视角重新审视自己的人设，这样才能保持对目标用户群体的吸引力。

（四）账号装修

账号装修其实是人设定位的一个有力补充，主要包括账号昵称的设置、账号头像的设置和账号简介的撰写。

1.账号昵称的设置

账号昵称要通俗易懂，突出品牌特点，避免重复，例如，"新柑勤援"这个账号昵称简单易记，不复杂，还巧妙利用了谐音，强调了账号的定位是柑橘加工类内容。主播可以按照"名称＋类目关键词＋核心亮点"这一公式来确定账号昵称，如"温馨家纺工厂"，就是由"温馨"（名称）、"家纺"（类目关键词）、"工厂"（核心亮点）组成的，其中，"工厂"强调主播是与供应链紧密连接的，可以在工厂源头找到物美价廉的产品。

2.账号头像的设置

账号头像要清晰，主体突出，风格与账号定位一致。主播的账号头像可以根据实际情况使用本人照片、产品图片，也可以把账号名称设置为照片。

3.账号简介的撰写

账号简介要重点突出三个方面的信息：我是谁；可以输出什么价值；关注我的理由。例如，"时尚密码"的账号简介为"服装设计师、时尚人士、成功女性（'我是谁'），为中高端用户提供品牌穿搭等（'可以输出什么价值'），在探索时尚的道路上从未停止（'关注我的理由'）"。

知识拓展3-3
电商主播的
行为规范

三、任务实践

一名优秀的主播应当具备的基本能力较多。在日常生活中，我们可以采用哪些方法来锻炼这些基本能力？

任务五　直播场景搭建

一、任务导入

人、货、场是开启一场直播必不可少的核心三要素。其中，"场"就是直播团队搭建的开展直播营销活动的场地（可以是室内直播间，也可以是工厂、果园等）。在农产品直播销售中，一些有经验的直播团队会选择在产地搭建农产品直播间。这不仅能为消费者创造富有吸引力的沉浸式体验，而且能提高消费者对农产品的信任度。

在完成了直播团队组建与主播人设打造后，项目组决定根据产品属性搭建直播场景。项目组认为，如果要销售农产品，那么就可以优先选择农产品产地（比如枇杷园、苹果园）。项目组在产地寻找一处平整的空地，用于放置摄像机和直播收音设备，因为是室外直播间，在场地布置上，考虑以农产品为背景，利用白天光线好的时候进行直播，可以减少补光灯的使用。可以在直播过程中呈现农户采摘农产品的场景，以及农产品摘下之后现场食用的场景，向直播间粉丝展示农产品最真实的状态。

搭建室外产地直播间时，需要哪些硬件设备？在场景搭建方面，需要注意哪些问题？

二、知识准备

直播间相当于一个门面，搭建与布置有特色的直播间更容易吸引消费者的注意力，提升消费者对直播间的关注度，进而提升销售转化率。搭建与布置直播间时，需要做的工作主要包括直播设备的选择、直播场地的规划、直播间背景和灯光布置等。

（一）直播设备的选择

直播离不开直播设备的支持，直播设备的性能直接影响直播内容的输出，从而影响消费者的视觉和听觉感受。直播团队要想带给消费者良好的观看与购物体验，就要本着实用、好用的原则择优选择直播设备。表3-10中为直播间常用的直播设备。

表3-10 直播间常用的直播设备

硬件类	摄像类	灯光类	网络类	工具类
电视机：产品信息展示，通常位于主播身后/身前，提供产品信息介绍	直播手机：为主播提供的观看直播评论的手机	美颜灯：补充光线，让直播间更明亮自然	专线网络：重要直播必须设置专线网络	桌椅：展示样品；供主播休息
产品展示台：通常位于主播面前，用于放置并展示产品	手机支架：固定手机，避免晃动	球形灯/日光灯：补充光线，让直播间更明亮自然	无线路由器：现场 Wi-Fi，严禁使用直播专线网络搭设 Wi-Fi	插线板：为各类用电设备提供插电接口
高配电脑：直播间推流/直播伴侣/后台操作	摄像头：直播间画面采集	灯罩：使 LED 灯光朝不同方向射出，有四角灯罩、八角灯罩、圆形灯罩	充电器：方便设备充电	KT板：供主播或场控使用
收音设备：话筒、耳麦等	摄像头支架：固定摄像头，避免晃动	/	/	马克笔：主播或场控提示用
/	摄像机：直播间画面采集	/	/	大力胶：各类连接线的连接、固定

续表

硬件类	摄像类	灯光类	网络类	工具类
/	采集卡：采集摄像机信号并转换	/	/	各类连接线：连接以上各类设备
/	摄像机支架：固定摄像机，避免晃动	/	/	电池：为设备供电

（二）直播场地的规划

直播场地主要包括室内直播场地和室外直播场地两种，因此直播场地的规划可以分为室内直播场地的规划和室外直播场地的规划两种。

1. 室内直播场地的规划

常见的室内直播间场地有办公室、会议室、线下门店、个人住所等，图3-3中为个人工作室直播间场景。

图3-3　个人工作室直播间场景

一般来说，规划室内直播场地时，应注意以下事项。

（1）空间大小适宜

室内直播场地空间应大小适宜。场地面积应根据直播的内容进行调整。个人直播的场地面积一般为8~15平方米，团队直播的场地面积一般为20~40平方米。如果是美妆直播，可以选择10平方米左右的小场地；如果是服装穿搭、服装销售类直播，一般选择面积15平方米以上的场地。直播场地的层高一般控制在2.3~2.5米，保证既能为顶部的灯光留下足够的空间，又不会因为层高过高而导致环境光发散、话筒不易收音等问题。此外，直播产品较多时，还要为待播产品，以及道具和其他工作人员预留空间。

（2）环境安静

室内直播场地的隔音效果要好，避免杂音的干扰；要有较好的收音效果，避免直播中产生回音。隔音效果不好或者回音太大都会影响直播的正常进行。

（3）光线充足

室内直播场地的自然光要充足，保证直播的真实感和美观度。如果直播场地较封闭，则需要借助灯光设备补充光源，提升直播画面的视觉效果。

2. 室外直播场地的规划

对直播电商而言，常见的室外直播场地有室外产地（如果园、茶园等）、室外产品打包场所、露天集市等。室外直播一般适合体积或规模较大的产品，或用于展示货源采购现场。

选择室外直播场地时，直播团队需要注意以下事项。

（1）天气因素

室外直播一般选择晴朗的天气开播，同时要做好应对下雨、刮风等恶劣天气的准备。为了避免因恶劣天气导致的直播延期，直播团队可以设计室内直播备用方案。

（2）场地范围

在室外直播时，需要限制室外场地的范围，便于主播将更多的精力放在产品讲解和与消费者的互动上。

（3）场地环境

室外场地的环境要整洁，让消费者在观看直播时能保持愉悦舒畅的心情，产品的摆放要整齐有序，这样产品在直播镜头中才能具有较高的美观度。直播团队在直播开始前需要清场，并安排人员维护现场秩序，避免直播被围观人群打扰。

（三）直播间背景和灯光布置

直播间背景和灯光是影响直播画面质量的重要因素，好的背景和灯光布置可以提升主播形象，清晰、真实地展现产品和品牌的亮点，为消费者呈现优质的直播效果。

1. 直播间背景布置

用户进入直播间后,一眼就能看到直播场景,从而产生对直播间的第一印象。为直播间布置背景时,应保证背景的类型、风格与产品或主播的个人气质相契合。常见的直播间背景有以下几种类型。

(1) 纯色背景

纯色背景是一种很简单的背景,颜色一般以浅色为主,常用墙纸或幕布搭建,可以带给消费者自然的观看感受,常见于服装类直播。需要注意的是,纯色背景的颜色一般不选用白色,因为白色背景不利于直播团队布置灯光。

(2) 品牌标识背景

直播团队经常会选择用品牌标识来布置直播间的背景,如图3-4所示。这类背景直观简洁,可以增强品牌效应,适用于多种直播场景。

(3) 产品摆放背景

这类背景布置一般是将产品置于展示柜进行展示,具有较强的营销目的,是一种十分常见的直播间背景布置类型,如图3-5所示。在这类背景布置中,所展示的产品的数量要根据展示柜的大小而定,但是从消费者的观看感受出发,产品数量需要适中,产品太多或者太少,在直播镜头中观感都不理想。

图3-4 品牌标识背景

图3-5 产品摆放背景

(4) 与直播产品匹配的特色背景

在这类背景的应用中,直播团队需要挖掘产品的特色,在背景中融入与直播主题或直播产品相关的特色元素。例如,某海鲜类产品直播间的背景墙设计可以融入斗笠和鱼篓等元素,很好地凸显这类产品的特色。

2. 直播间灯光布置

在室内直播间,尤其是光线不太充足的室内直播间,补光灯是必不可少的。直播间的补光灯分为主灯和辅助灯,主灯提供主光源,辅助灯提供补光光源。表3-11中为直播间常见的灯光布置方案。

表3-11 直播间常见的灯光布置方案

数量	类型	主灯/辅助灯	摆放的位置	适用范围	优点
1盏	环形灯	主灯	距离主播1米左右的正前方,光源比主播高15厘米左右	适用于移动端直播,仅有主播出镜	操作简单,有美颜效果
2盏	环形灯1盏、柔光箱1盏	同为主灯;或环形灯为主灯,柔光箱为辅助灯	靠近摄像头的两侧且与摄像头距离相同,略高于镜头,光线投向主播	主播坐着进行直播带货	突出主播脸部
3盏	环形灯1盏、柔光箱2盏	环形灯为主灯,柔光箱为辅助灯	环形灯放在主播正前方,柔光箱放在主播两侧且与主播距离相同	主流的灯光布置方案,适用于服装、美妆、珠宝类直播,或人物专访且空间较小的直播场景	还原主体感和空间感
	柔光球1盏、柔光箱2盏	柔光球为主灯,柔光箱为辅助灯	柔光球置于镜头上方且高于镜头和主播,柔光箱放在主播两侧		
4盏	环形灯1盏、柔光箱2盏、柔光球1盏	环形灯为主灯,柔光箱和柔光球为辅助灯	环形灯正对着主播,柔光箱放在主播两侧且与主播距离相同,柔光球位于主播头顶	有副播或嘉宾参与的带货直播	打亮主播正面和直播间局部空间

续表

数量	类型	主灯/辅助灯	摆放的位置	适用范围	优点
5盏	环形灯3盏、柔光箱1盏、柔光球1盏	环形灯为主灯，其他为辅助灯	柔光球正对主播，柔光箱面对主播侧边的装饰物、背景墙等，2盏环形灯位于主播两侧且光线投向主播，另1盏环形灯位置低于主播脸部，光线可投向主播或直播的产品	知名主播的直播，或产品较多的直播间	打亮主播正面和直播间整体空间，提升画面质感

三、任务实践

图3-6中是不同类型的直播间布置的优缺点及适用人群。

假如你是服装类直播间的一位新手主播，从观看的角度出发，你会如何布置直播间？

图3-6　不同类型的直播间布置的优缺点及适用人群

项目实训

◇ 实训背景

仙居县隶属于浙江省台州市，是国家公园体制试点县。仙居杨梅是国家农产品地理标志登记产品。仙居杨梅的主要品种为"东魁"和"荸荠种"。其中，东魁杨梅大小如乒乓球，平均单果重21克，最大达54克，素有"杨梅王"之称，其果色紫红、肉厚、味浓、汁多，富含葡萄糖、果糖、柠檬酸、苹果酸和多种维生素，具有除湿、消暑、止泻等功能。荸荠种杨梅果实中等，呈圆球形，为紫黑色，汁多味甜。近年来，仙居县深耕现代农业发展实验田，打造出因地制宜的多元化乡村振兴之路。张明是仙居县农户，她和家人种植了大面积的杨梅，并注册企业销售杨梅。随着直播逐渐火热，张明也想利用直播销售自家的杨梅。表3-12为张明的基本信息。图3-7中为张明准备通过直播销售的杨梅。

表3-12 张明的基本信息

项目	内容	项目	内容
姓名	张明	性别	女
年龄	26岁	所在地区	浙江省台州市仙居县
职业	农产品电商企业主，淘宝店主	性格	开朗热情，不拘一格
兴趣爱好	研究杨梅种植养护新方法；唱歌；看脱口秀	特长	唱歌；拍照；掌握了许多农产品的种植养护知识

图3-7 张明准备通过直播销售的杨梅

仙居杨梅的详细信息和特点如下：果皮色泽好，鲜嫩，个头大，果形正，粒大汁多，味道香甜，软籽小核，食用时不需要吐籽，皮薄易剥；自然生长，泉水灌溉，受光均匀；网店售价19元/斤，关注直播间账号后可享受9.9元/斤的优惠价，每买10斤送1斤。

◇ **实训要求**

进行调研，确定目标消费者的基本特征标签、社会特征标签、偏好特征标签和行为特征标签，完成用户画像。结合用户画像，选择合适的直播平台，确定直播的运营定位，包含目标定位、用户定位、类型定位。依据直播的目标定位，结合经费等条件，确定直播间的各岗位，从而组建直播团队。

根据张明的基本信息，为其确定主播人设定位。构思凸显该人设的账号信息，确定账号的设计方案，包括账号名称、账号简介、账号头像和账号背景图，并在抖音 App 中按照方案确定的内容完成设置。

根据直播策划，准备一场直播所需的硬件设备，包括摄像设备、声音设备和灯光设备等；选择直播场地，并结合直播产品类型完成直播间的布置和场景搭建。

依据直播平台的规则，根据主播的人设定位，撰写一段符合主播人设的开场白。

◇ **操作提示**

首先进行用户调研，确定直播间的目标用户群体；然后根据目标用户群体的特征，明确用户的基本特征标签、社会特征标签、偏好特征标签和行为特征标签，将表3–13填写完整；最后依据各特征标签，描绘目标用户画像。

表3–13 选定商品目标用户画像标签

标签序号	基本特征标签	社会特征标签	偏好特征标签	行为特征标签
标签 1				
标签 2				
标签 3				
标签 4				
标签 5				
标签 6				

根据直播间选定的杨梅品种,分析直播间的目标定位、用户定位、类型定位,将表3-14填写完整。

表3-14　直播销售定位及依据

项目	内容	规划依据
目标定位		
用户定位		
类型定位		

依据直播间的实际情况,确定直播间所需要的岗位;根据经费预算、工作内容,为每个岗位安排合适的人员;明确每个岗位人员的工作内容,撰写岗位职责;根据岗位职责,描述相应岗位的要求,并将表3-15填写完整。

表3-15　直播团队组建

岗位名称	岗位人数	岗位职责	岗位要求

根据直播产品的类型选择相应的直播场地,并做好备选方案;结合相关要求,准备直播所需的设备,将表3-16填写完整。

表3-16　直播所需的设备

设备类型	所选设备
摄像设备	
声音设备	
灯光设备	
其他设备	

考虑室内和室外直播场地的不同情况，选择合适的直播场地。根据直播场地的实际情况，划分出直播区与非直播区等区域，在直播区对应位置摆放相应的直播设备，将表3-17和表3-18填写完整。

表3-17　室内直播场地选择

场地区域		功能	大小
直播区			
非直播区	后台区		
	产品摆放区		
	其他区域		

表3-18　室外直播场地选择

场地区域		功能	大小
直播区			
非直播区	后台区		
	产品摆放区		
	其他区域		

根据直播内容布置直播间背景，准备直播所需的物料，包括品牌标识、产品实物、辅助道具等。主播提前就位并熟悉产品。调整直播间灯光。按照直播脚本开始彩排，梳理直播流程，在主播介绍不同产品时合理调整贴片布置。明确直播场景的呈现效果及不同流程的切换节点。将表3-19、表3-20、表3-21填写完整。

表3-19　直播间背景布置

阶段	背景元素
开播阶段	
产品1	
产品2	
产品3	
产品4	

续表

阶段	背景元素
产品5	
产品6	
产品7	
……	
直播收尾	

表 3-20　直播间物料准备

阶段	相关物料
开播阶段	
产品1	
产品2	
产品3	
产品4	
产品5	
产品6	
产品7	
……	
直播收尾	

表 3-21　直播间贴片布置

阶段	贴片内容
开播阶段	
产品1	
产品2	
产品3	

续表

阶段	贴片内容
产品4	
产品5	
产品6	
产品7	
……	
直播收尾	

结合表3-22中的信息,从不同维度构思主播张明的人设定位,将表3-22填写完整。

表3-22 直播的人设定位

维度	说明
"我是谁"	
"面向谁"	
"提供什么"	
"在什么地方"	
"解决什么问题"	

根据主播的人设定位,确定直播间账号的设计方案,将确定的账号信息填写在表3-23中。

表3-23 直播间账号设计方案

项目	设计思路	最终方案
账号昵称		
账号头像		
账号简介		

根据表3-23中的账号设计方案在抖音App中设置直播间账号。进入抖音App后,点击页面底部的"我"选项,然后点击"编辑资料"按钮,进入"编辑资料"页面,完成账号昵称、头像、简介的设置。

根据主播人设，规划直播风格，提炼标志性话术，加深用户对主播的记忆。主播在直播间向消费者进行自我介绍。主播的开场白要简洁有力，有辨识度。将表3-24填写完整。

表3-24 主播需要注意的话术

项目	内容
标志性话术	
自我介绍话术	
开场白	

本项目学习效果测评

知识测评		
知识点	评价指标	自评结果
直播工作流程	熟悉直播工作流程	□A+ □A □B □C □C−
直播运营定位与规划	目标定位	□A+ □A □B □C □C−
	用户定位	□A+ □A □B □C □C−
	类型定位	□A+ □A □B □C □C−
直播团队组建	人员配置	□A+ □A □B □C □C−
	组建方案	□A+ □A □B □C □C−
主播人设打造	主播能力	□A+ □A □B □C □C−
	主播人设	□A+ □A □B □C □C−
能力测评		
技能点	评价指标	自评结果
完成直播团队的人员配置和组建	人员配置	□A+ □A □B □C □C−
	组建方案	□A+ □A □B □C □C−
完成直播间的装修与布置	装修与布置	□A+ □A □B □C □C−
素养测评		
素养点	评价指标	自评结果
思政素养	职业道德要求	□A+ □A □B □C □C−
	法律法规要求	□A+ □A □B □C □C−

续表

薄弱项记录	
我掌握得不太牢固的知识	
我还没有掌握的技能	
我想提升的素养	
教师签字	

项目四　直播电商主播孵化

📋 学习目标

◇ **知识目标**

（1）熟悉主播心态管理的方法。

（2）熟悉主播形象管理的方法。

（3）掌握主播语言表达方式和方法。

（4）掌握产品卖点提炼方法。

（5）了解主播可能面临的风险。

◇ **能力目标**

（1）能够完成主播心态、形象的管理。

（2）能够进行流利的语言表达。

（3）能够顺利提炼出产品的卖点。

（4）能够完成主播的风险防范。

◇ **素养目标**

（1）引导学生遵守直播电商从业人员的职业道德要求、职业素养要求和知识技能要求。

（2）引导学生深入了解直播电商主播的职业特点，具备成为专业主播的素养。

（3）培养学生的商业道德意识，坚持公平竞争，拒绝不正当竞争行为。

📄 工作场景与要求

项目组在完成了基本的筹备之后，准备正式开始直播。此时，项目组遇到了困难。项目组成员都没有直播经验，也没有出镜经历，因此，大家经过沟通和讨论做出决定，一方面在项目组内培养主播，另一方面，在学校召集有直播经验的同学加入项目组。项目组成员一致认为，为了更好地培养主播，也为了吸引学校里优秀的主播加入项目组，各成员需要了解主播需要具备的基本能力，解决主播在直播中遇到的各种突发问题。

任务一　主播心态管理

一、任务导入

小张为了更好地进行直播带货，在直播平台上观看了很多场直播，他发现，主播的工作并不像我们想象中的那么简单。在直播中，主播需要和消费者交流，如果遇到一些态度比较强硬、对产品比较挑剔的消费者，主播的心态就显得十分重要。

那么，主播应该具有什么样的心态？主播需要怎样做，才能保持较好的心态？

二、知识准备

新一代主播的出现为直播行业带来了许多新的机遇，然而，很多新人主播常常面临一些心态问题，如面对镜头紧张、过度关心直播间人气和数据等。这些问题不仅会影响主播的表现，而且可能降低消费者的体验感和参与度。因此，解决这些心态问题是新人主播在成长道路上必须面对的问题。

（一）主播必备的心态

1. 学习的心态

几乎每个人都想成为一个有趣的人。有趣的人能使自己的生活丰富多彩，同时也能为别人带来快乐。主播如何成为有趣的人？首先当然是拓宽知识面，在日常生活中保持学习的激情，随时随地为自己补充"能量"。在互联网时代，知识的更新速度非常快。主播只有不断学习，才能适应直播行业的发展需求。

2. 自信的心态

自信是成为优秀主播的基础。正如一句名言所说的，"相信你自己，别人才会相信你"，当主播在直播中展现出自信的态度时，消费者才有可能对主播产生信任和尊重。然而，自信并非一蹴而就，它需要不断的锤炼和培养。新人主播可以通过彩排培养自信,也可以在正式直播中积极总结经验,尝试用多种方法和消费者互动,消费者的正面反馈也能使主播增强自信。例如,主播可以在直播中积极回答消费者提出的问题,通过产品讲解展示自己的专业能力。

3. 平和的心态

心态平和是主播将直播作为事业并坚持下去的必备的心理素质。直播作为一个新兴行业,容易形成各种浮躁的氛围。在日新月异的直播行业中,随着流量、数据的起伏和变化,主播也很容易心理失衡。主播要有一颗平常心,不怕比较,不怕批评,不怕否定。要想练就一颗平常心,主播需要克服8个心理问题,如表4-1所示。

表4-1 主播要克服的8个心理问题

问题	说明
好高骛远	一些刚加入直播行业的新人主播可能要求商家提供高底薪、高提成,却没有考虑自己作为新人主播是否能为商家创造对应的价值;很多主播只看到其他主播光鲜亮丽的一面,却忽略了这些主播在背后长时间的坚持和努力
急于求成	一些新人主播尚未对直播有足够的认知就开始直播工作,没有充分的经验和知识积累,幻想在短时间内收到消费者打赏,并取得不错的销售业绩
安于现状	有的主播存在"破罐子破摔"的心态,害怕粉丝数量增加之后会导致一些流言蜚语,或者不愿意接受批评,只愿意维持现有的状态,不思进取,不愿创新,甚至每月的收入只有底薪
高低落差	小平台的大主播转移到大平台重新开始直播,就需要从小主播做起,此时他们难免会有心理落差;在同一平台上,不同主播的收入大相径庭;在同一商家的直播间,不同时段出境的主播销售数据也可能存在巨大的落差
自我感觉良好	少数主播在取得成绩后沾沾自喜,或者在与消费者互动时摆出一副居高临下的姿态,这是非常不可取的
急于表现	在竞争的氛围中,一些主播看到其他主播销售数据更好,难免会产生焦虑、烦闷的情绪,为了获得更多消费者的关注,少数主播表现浮夸,或者为了讨好粉丝而做出一些不文明的举动
过分要求	当积累了一定的流量时,有的主播会渐渐迷失自己,喜欢与其他知名主播做比较,或者向粉丝提出过分的要求,鼓动粉丝刷流量、送礼物

续表

问题	说明
盲目跟随	各行各业都有优秀的从业者,很多新入行的主播都会学习知名主播的直播技巧,如果学不到精髓,就成了"画虎不成反类犬";其实,学习不等同于模仿,千篇一律的直播方式对消费者而言没有太大的吸引力,主播需要坚守初心,强化人设定位,突出自己与众不同的地方

(二) 主播塑造良好心态的方法

1.增强职业意识

直播是一份职业,需要专业技能以及职业素养。好的职业习惯对于主播来讲至关重要,它能加深主播对于职业的认知。主播需要塑造积极的职业意识,在开播准备、时间管理、粉丝沟通等方面严格要求自己。

2.学会自我欣赏

主播是一个需要不断自我激励和持续调整心态的职业。如果一位主播不能欣赏自己的努力和成就,很容易陷入压力和焦虑的旋涡之中。因此,新人主播应该学会自我欣赏,积极调整心态。比如,在直播结束后,主播可以回顾自己的表现,找出亮点,看看自己在哪些方面有了进步,肯定自己的优点,同时扬长避短。这种积极的心态能够帮助主播保持对直播事业的热情和动力。

3.进行心理调节

在直播过程中,主播可能会遇到一些批评,也可能会收到一些负面评价。对于新人主播来说,正确面对批评、合理处理负面评价也是职业发展过程中的重要一课。主播需要牢记的是,不要让负面的心理暗示摧毁自己的信心和动力。相反,主播要积极地调整自己的心态,将这些暗示看作改进和成长的机会。比如,如果有消费者批评主播的声音不好听,主播就可以尝试去学习发声技巧,增强自己声音的魅力。总之,只有用积极的心态面对负面暗示,从中汲取经验和教训,主播才能不断进步。

三、任务实践

项目组成员对照主播必备心态，以及主播需要克服的8个心理问题，分析自己的心态如何，探讨培养好心态的方法。

任务二　主播形象管理

一、任务导入

项目组成员发现，随着直播电商行业的不断发展，行业对于主播形象的要求也不再仅仅表现为外貌好看，主播还需要重视个人气质、服饰、穿搭，使自己在各方面都能和直播间的整体风格保持一致。另外，和强化其他技能一样，主播打造自我形象也是一个不断努力、不断接受反馈、不断改进的过程。因此，项目组成员认为，主播必须具有良好的形象管理能力。

那么，主播在形象管理方面需要注意哪些问题，有哪些技巧？

二、知识准备

（一）主播形象管理的原则

1.充分考虑消费者喜好

新人主播容易犯的错误是按自己的喜好来打扮自己。需要注意的是，主播个人的喜好并不代表消费者的喜好。为了在直播间吸引消费者观看并停留，也为了达成销售目标，主播需要充分考虑消费者的喜好。优秀的主播擅长包装自己，将自己最好的一面呈现给消费者。

2.与直播间风格、人设定位、所售产品匹配

主播的形象一定要与直播间风格、人设定位、所售产品匹配。例如，时尚型的主播穿着时尚、前卫，通常以潮流、新颖的形象出现，和直播间的背景搭配和谐；清新自然型的主播穿着简单、舒适，给人一种自然、清新的感觉，很容易为消费者创造亲切感。再如，售卖文化产品（如畅销书）的直播间风格简约，不喧哗，不聒噪，主播通常具备深厚的文化底蕴，讲解产品时娓娓道来。主播形象还要与直播间风格统一。

如果品牌或产品的主要色调是红色，那么主播就可以选择和红色搭配起来比较和谐的服装和配饰。

3.遵守法律法规及平台规范

主播开展直播活动时，应遵守相关法律法规及平台规范，坚持正确的导向，弘扬社会主义核心价值观，遵守公序良俗，传递社会正能量，语言风格积极健康、向上向善。

知识拓展4-1
直播电商相关规范

（二）主播服饰的管理

1.服饰搭配技巧

常见的主播服饰搭配技巧如表4-2所示。

表4-2　常见的主播服饰搭配技巧

搭配方式	说明	举例
同类色搭配	同类色搭配是指色相相近的颜色搭配，这种搭配可以呈现出协调、统一的视觉效果，传递出细腻、沉稳、平和的感觉；可以选择同一色相的不同明度、不同饱和度、不同冷暖的两个或多个颜色进行搭配，这能使主播在屏幕上看起来更加柔和	青色配天蓝色，墨绿色配浅绿色，咖啡色配米色，深红色配浅红色等
近似色搭配	近似色也称协调色；近似色之间往往你中有我，我中有你，比如，朱红与橙色就是近似色，朱红以红为主，里面略有少量黄色，橙色以黄为主，里面有少许红色，朱红与橙色在色相上有一定差别，但在视觉上却比较接近；与单色搭配相比，近似色搭配色彩更加丰富，有利于营造协调、平和的氛围	红色与橙红色或紫红色相配，黄色与草绿色或橙黄色相配等
补色搭配	在色轮上，直接相对的两种颜色被称为补色，如橙色及蓝色，补色能形成强烈的对比效果；能进行补色搭配的颜色被称为互补色，互补色包括蓝色和橙色、红色和绿色、黄色和紫色等，互补色有非常强烈的对比度，在颜色饱和度很高的情况下，可以创造出十分震撼的视觉效果	黑色与白色搭配，橙色与蓝色搭配，红色与绿色搭配等

2. 肤色与服饰颜色的搭配

主播肤色不同,可以选择的服饰配色也不同。如果主播皮肤是小麦色,则可以选择牛仔蓝、金属色和白色;如果主播肤色是冷色调,则可以选择酒红色、深咖色、灰蓝色、紫色、绿色的服饰;如果主播肤色是暖色调,则可以选择米色、橘色、奶油色、橙色的服饰。

(三) 主播妆容的管理

在主播妆容的选择上,一定不可片面追求美,而是要通过符合主播年龄、气质、人设、直播间风格的妆容,为消费者创造愉悦和谐的视觉感受。主播化妆完成后,需要检查妆容,及时调整,以确保直播时呈现最佳状态。

(四) 主播发型的管理

进行主播发型管理的目的是确保主播出镜时得体优雅。为主播设计发型时,需要考虑主播的脸型。不同的脸型需要搭配不同的发型。

1. 圆形脸

圆形脸面部肌肉丰满,线条圆润,额部的发际线较低,下颌不长,脸部的长与宽几乎相等,两颧之间是最宽的部分。圆形脸给人以年轻、活泼的感觉,看起来很可爱。

圆形脸的主播在选择发型时,应该增加发顶的高度,让头顶略蓬松,使脸型稍微拉长;两侧略收紧,向椭圆形脸方向修饰,同时露出额头,使脸部看起来更瘦长;可以尝试侧分头发,梳理垂直向下的发型,直发的纵向线条可以在视觉上缩小圆形脸的宽度。

2. 三角形脸

三角形脸分为正三角形脸和倒三角形脸。表4-3中为这两种脸型的特点及与其搭配的发型。

表4-3 三角形脸的特点及与其搭配的发型

类型	特点	搭配的发型
正三角形脸	额头窄,两腮宽,上小下大,给人以稳重、成熟的感觉	头顶收紧,稍微遮盖略窄的额头,头两侧的头发要蓬松一些,线条要柔和一些,可以遮住过宽的两腮,最大限度地修正脸部上小下大的正三角形形状

续表

类型	特点	搭配的发型
倒三角形脸	额头宽，两腮窄，脸部轮廓呈倒三角形，给人以瘦小、灵敏的感觉	头发应长及肩部；若两颊过宽，头两侧的头发可以自然垂下，稍微遮盖两颊，使两颊不至于太明显；头顶的头发应略加高并收紧，前额可以采用中分方式，略遮住额角，两侧的头发应略蓬松，以弱化脸部上大下小的倒三角形感觉

3. 方形脸

方形脸的前额较方，与颧骨和腮边一样宽，且有腮骨，脸部呈现方正感，线条较生硬，缺少柔和感。

方形脸的主播可以选择自然柔和的发型来中和脸部生硬的线条，弱化脸部的方正感。方形脸的主播比较适合"包脸"的发型，且要学会用头发修饰和遮盖两颊。

4. 长形脸

长形脸显得脸部过长，前额发际线较高，下颌较宽、较长。长形脸的主播适合刘海，如空气刘海、齐刘海、偏分刘海等，可以让额头看起来短得多，并弱化脸部线条的长度。长形脸的主播适合略蓬松的发型，可以使头发略带波浪形，以使脸部轮廓有椭圆感。

5. 椭圆形脸

椭圆形脸又称"鸭蛋脸"，属于标准脸型，其前额宽于下颌，并从颧骨位置适度地收窄为微尖的卵形下颌。这种脸型的主播留长发和短发均可，但发型不宜过于复杂，应自然简单，尽可能把脸部显现出来，以突出脸型的协调性。椭圆形脸的主播可以根据身高来选择发型：身高160厘米以下的女主播最好留短发或者锁骨发（头发不长不短，发梢刚好在锁骨位置，极易打理，可以很好地修饰脸型）；身高160～170厘米的女主播可以尝试锁骨发或中长发；身高170厘米以上的女主播头发的长度基本不受限制，短发和长发皆可。

6. 菱形脸

菱形脸是指整个脸型的上半部为正三角形形状，下半部为倒三角形形状，上额部和下颌部都很狭小，颧骨部位较宽，给人以灵巧的感觉。

适合菱形脸女主播的发型有锁骨发、波波头等。

三、任务实践

某助农直播间的主播形象选择如表4-4所示。

表4-4 某助农直播间的主播形象选择

场景	服饰	妆容	发型
直播间	白色衬衫、黑色西裤、黑色高跟鞋	淡妆	自然长发
菜场	米白色毛衣、蓝色牛仔裤	淡妆	单马尾
风俗馆	民族特色服装	民族妆容	民族发饰

根据项目组给出的任务,直播间需要售卖A县生产的各种水果和蔬菜。在不同的直播场景中,主播应如何设计自己的服饰、妆容、发型?

任务三　主播的语言表达能力

一、任务导入

在确定了主播的形象管理方法之后,项目组认为,要想实现直播目标,获得较好的直播效果,主播就要具备良好的语言表达能力,多与粉丝互动,准确、清晰地向粉丝传达自己的看法,并加强声音方面的训练,直播时做到抑扬顿挫、声音饱满,展现出语言的灵活性、层次性。同时,主播还要随机应变,就不同话题,运用各种方法与粉丝交流,拉近自身与粉丝之间的距离。

那么,主播在语言表达方面需要注意什么?主播如何才能更好地和粉丝进行交流沟通?

二、知识准备

(一) 主播语言表达的原则

1.吐字清晰、准确

吐字清晰、准确是主播在直播过程中语言表达方面的最基本的要求。主播只有把每一个字都说清楚,才能让粉丝听清自己的话,知道自己在讲什么,进而理解并接受自己的观点。

2. 语言通俗易懂

为了让更多粉丝了解产品和品牌,主播的表现要真实、接地气,语言要通俗易懂,让粉丝能够理解主播所表达的意思。主播在说话时,要尽量使用规范的词语,少用粉丝不熟悉的方言、生僻词或文言词汇。

3. 形成自己的风格

沟通风格是指主播在沟通过程中习惯化的行为方式,与个人特征密切相关。每一种沟通风格都有其潜在的优势,也有其劣势。主播要想获得成功,就要学会扬长避短。

常见的沟通风格有四种,分别是驾驭型、表现型、平易型和分析型。四种沟通风格的特点及优劣势如表4-5所示。

表4-5 四种沟通风格的特点及优劣势

类型	特点	优劣势
驾驭型	拥有驾驭型沟通风格的主播精力旺盛,做事节奏快,说话直截了当,动作非常有力,很容易向粉丝传递活力感	拥有驾驭型沟通风格的主播注重实效,具有非常明确的目标;他们的缺点是有时说话过于直率,显得咄咄逼人,当他们过于关注自己的观点时,很容易忽略粉丝的感受
表现型	拥有表现型沟通风格的主播喜欢和粉丝交流,并有丰富的想象力,擅长利用表情和肢体语言,很容易把热情传递给粉丝	拥有表现型沟通风格的主播性格外向热情,充满生机和魅力;他们的缺点是容易出现较大的情绪波动,显得不够理性和客观
平易型	拥有平易型沟通风格的主播对待粉丝非常真诚,对粉丝态度亲切和善,有耐心	拥有平易型沟通风格的主播具有协作精神,他们的缺点在于有时会回避问题,这会让一些粉丝感到失望
分析型	拥有分析型沟通风格的主播做事严谨、循序渐进	拥有分析型沟通风格的主播擅长做理性分析;他们的缺点在于表现得不够主动,不太愿意表露内心的情感,也不善于运用情绪和肢体语言来影响粉丝

(二)主播声音训练

主播的声音有着特殊的力量,不仅可以传达言外之意,而且可以增强主播自身的魅力，拉近主播与粉丝之间的距离。主播可以从语音训练、音量控制、语速控制、气息训练方面加强练习，增强声音的感染力。

1. 语音训练

在进行语音训练时候，主播要注意以下两个方面。

一是从音节入手，注重正音。正音是指掌握音节正确的发音方法，先从声母、韵母、声调方面进行分解练习，找到正确的发音部位和方法，随后进行音节的综合练习。

二是提升听觉能力。发音需要听觉能力的配合，因此主播要提升听觉能力，提升语音的自我判断能力，从而逐步做到清晰分辨语音在音准、音高、音色、音量上的细微差别，拥有对语音的分辨能力。

2. 音量控制

主播说话的音量能呈现主播的精神状态，也会直接影响消费者观看直播时的体验。要想让消费者沉浸在直播中，主播首先要确保消费者可以听到自己的声音，但这并不意味着音量越大越好，音量过大也会让消费者觉得刺耳和嘈杂。

3. 语速控制

语速是传递信息的关键，只有让消费者听清楚自己所说的内容，主播才能顺利地传递信息，因此主播要尽量做到吐字清晰、发音清楚、语速适中。语速过快或过慢都不是很好的表达方式。如果主播语速过快，消费者就难以跟上主播说话的节奏，会遗漏重要信息，而主播自己也很容易疲惫；如果语速过慢，直播间会显得死气沉沉，消费者会逐渐丧失耐心，最终可能选择离开直播间。

4. 气息训练

气息是人体发声的动力和基础。要想控制声音、驾驭声音，就必须学会控制气息。对主播来说，科学发声可以保证声音圆润饱满，避免长期直播导致发声器官受损，从而保证发声器官的健康。合理控制说话的气息是科学发声的重要因素。

（三）语言表达策略

直播作为一种新兴的互动形式，主播与粉丝之间必然要进行互动，如果只是主播自己在直播间自说自话，粉丝没有任何反应，不发评论，不留言，也不点赞，主播直播的积极性也就不会高。要想加强与粉丝之间的互动，主播首先要开动脑筋，通过各种语言表达策略来拉近自己与粉丝之间的距离。

1. 寻找能引起共鸣的话题

对于新人主播来说，在直播中，最大的问题是不知道就什么话题与粉丝互动，也不知道用什么话题引出直播内容，所以很容易出现直播间冷场的尴尬局面。之所以出现这种情况，根本原因在于主播没有在直播前做好充分的准备，再加上经验不多，心里多少会有些紧张。主播在直播的过程中，要选择能引起共鸣的话题，积极与粉丝互动，通过话题引出直播内容。

2. 善用提问

主播如果能够善用提问，那么其与粉丝之间的互动就显得容易得多。常见的提问包括三种，即暗示性提问、封闭式提问、开放式提问。

（1）暗示性提问

如果主播向粉丝提出问题时可能得到模棱两可的回答，那么这个问题就不太合适。主播应尽量选择能用"是"或"否"回答的提问方式，这有利于交流的深入展开。

例如，某主播在直播时并没有说"我现在来讲个故事"，而是说"你们肯定想听听我昨天在快餐店遇到的搞笑事情吧"，这句话巧妙地暗示了事情很有意思。同时，主播说话的口吻是平和的、商量式的，是在征求粉丝的看法，这显得主播很有亲和力，这样的提问让粉丝很难拒绝，一些粉丝可能会果断地给出肯定的回答。

（2）封闭式提问

封闭式提问是指提问者提出的问题带有预设的答案，回答者不需要展开回答，就可以使提问者获得明确的答案。

例如，主播在推荐某款厨具前询问粉丝，说"这个假期很无聊，出去旅游的人太多，去旅游会很麻烦，是吧"，有的粉丝会很有共鸣地想起了之前假期出游遇到的烦心事，主播会接着说，"那不如在家里做一道美食，既休闲又放松"。其实，很多粉丝可能一开始并没有想过聊厨艺方面的话题，但是在不知不觉中被主播影响，被直播中主播展示的新奇料理吸引住了，延长了在直播间的停留时间。

（3）开放式提问

主播可以用提问，尤其是开放式提问，为粉丝营造自由发挥的空间，以此来引导粉丝参与直播间的互动。开放式问题主要包括"怎么做""为什么"等，这样的问题可以让粉丝积极地做出反馈。

以销售零食为例，主播在介绍完一款零食后，可以围绕该零食提出一个开放式问题，引导粉丝进行互动。例如，主播在介绍完一款小蛋糕之后，可以问粉丝："我比较喜欢吃巧克力口味的蛋糕，不知道大家喜欢吃什么口味的蛋糕呢？可以在弹幕上说出你的最爱。"

3. 赞美粉丝

赞美是对别人的认可与肯定，也能体现出主播自身的修养。从心理学的角度来看，我们在日常生活中都希望得到别人的认可和称赞，而当他人对我们的外表、能力、品德等方面给予积极评价时，我们就会产生一种积极的情感体验，获得快乐和满足感。主播运用恰当的语言，适当地赞美粉丝，能迅速拉近自身和粉丝之间的距离，塑造充满亲切感、有人情味的形象。

三、任务实践

复述就是在理解和记忆的基础上，对书面材料进行整理，然后有条理、有中心、有感情地用口头语言将其表达出来。例如，某人在看过一则故事以后，把这个故事讲给别人听，这就是复述的典型代表。复述与背诵不同，背诵要求我们准确无误、一字一句地重复原材料，而复述只要求我们陈述原材料的大致内容。复述不仅可以锻炼一个人的理解能力和记忆能力，而且可以锻炼人的语言组织能力。

项目组成员按照以下步骤来进行复述训练，锻炼语言组织能力和语言表达能力。

首先，找一篇自己喜欢的文章，最好是有故事情节的小说或者结构紧凑的叙事性散文。其次，将文章认真读几遍，体会作者的写作意图，记住文章的主要观点和重点内容，然后可以简要复述。最后，结合自己的思路，再不改变文章主旨的条件下，为文章添枝加叶，做创造性复述。在上述步骤都完成后，尝试用饱满的情感、准确的语言、适中的语调对文章进行复述。

任务四　主播产品卖点提炼

一、任务导入

在确定了主播形象，对主播的心态和语言表达能力进行了打磨之后，接下来就要进入直播产品卖点提炼环节。主播需要对产品进行立体化的推广，围绕产品卖点，针对用户需求进行产品介绍。因此，主播要了解影响产品卖点提炼的各种因素，运用各种强化卖点的方法，持续输出高质量的内容，声情并茂地将产品的关键信息传递给消费者。因此，项目组决定对主播进行产品卖点提炼专题培训。

那么，主播产品卖点提炼的专题培训内容应该如何设计？

二、知识准备

（一）提炼产品卖点的策略

1.巧用对比，明确差异

主播可以采用对比策略来提炼产品的卖点，这里所说的对比策略包括价格对比策略和功效对比策略。需要注意的是，无论采用哪种对比策略，对比结果都要十分明显，能够让用户清楚直观地看到产品的优势。

使用价格对比策略时，主播需要呈现产品的历史价格和直播间的价格，以及直播间的价格与其他平台同类产品的价格。使用功效对比策略时，主播可以介绍使用产品前后效果的对比情况。例如，主播可以说："这款防晒霜在天猫旗舰店的价格是99元1瓶，今天晚上在我们的直播间，您享受买两瓶直接减99元的优惠，相当于第一瓶99元，第二瓶不要钱，真的特别划算。咱们夏季人手必备的防晒霜，买到就是赚到。"

2.化繁为简，取其精华

一方面，主播可以直接简化产品信息，只介绍产品信息中的核心关键点。例如，主播在介绍产品的背景信息时，只介绍产品具有多少年的历史及品牌的知名程度，不用阐述过多内容。提炼产品的功能信息时，主播可以从所有功能中提炼出2—3个最为核心的功能，这有助于加深消费者对产品的印象。另一方面，主播要善于取舍，过滤掉繁杂冗余、无关紧要的内容。例如，主播在介绍品牌曾经获得的各项荣誉时，不用一一罗列，选择一两个重要的荣誉进行介绍即可。

3.化抽象为具象，帮助消费者理解

主播在进行产品讲解时，要尽量将用户难以理解、难以直观感受的抽象卖点具象化，使用户更容易感知和理解。

在产品使用场景具象化方面，主播可以在直播间向消费者展示产品的使用过程，使消费者直接了解产品的使用场景。在产品功效具象化方面，主播可以借助真实的实验，将复杂的科学原理变为直观效果的展示，让消费者亲眼看到，提高消费者对产功效的信任。主播还可以分享自己的使用体验，用具体的、形象化的语言进行表述，把那些看不见的产品功效描述出来，使消费者有所感知。

（二）传达产品卖点的方法

传达产品卖点的方法有直接介绍法、故事法、实验法、证明法等。

1. 直接介绍法

直接介绍法是指主播直接讲述产品的优势和特色，从而说服消费者购买的方法。这种表述方法的优势是非常节约时间，可以让消费者直接了解产品的优势，省掉不必要的询问过程。例如，某款服饰的材质非常轻薄贴身，适合夏季穿，主播可以直接介绍这款服饰面料的优点，指出产品的优势。

2. 故事法

几乎人人都喜欢听故事。主播在直播间讲好产品的故事，能够激发消费者的好奇心，快速拉近产品与消费者之间的距离，加深消费者对产品的印象，提升消费者对产品的感知。主播讲故事，可以讲自己的故事，也可以讲别人的故事。主播讲故事时，语言应生动有趣，不能过于直白，要展示自己的风格，让消费者在轻松、舒适、娱乐的氛围中接受产品。

3. 实验法

主播在直播间做好产品实验，可以使产品的效果清晰可见，有助于提升消费者对产品的信任感。主播可以一边做实验，一边讲解。这里的实验一般分为对比实验和类比实验。其中，在对比实验中，主播可以对比消费者使用产品前后的不同情况，对比直播间产品与同类产品的效果差异。例如，主播在推荐卸妆类产品时，可以只卸半边脸的妆容，卸过妆的半边脸与保留妆容的半边脸形成鲜明的对比，更能突出产品的使用效果。

4. 证明法

主播在为消费者讲解了产品的优势后，要找到相关的证据来证明自己的说法是正确的，这样消费者才能信服。此时，主播就需要用到证明法。证明法常用到数据材料和证书材料。数据材料包括产品的销售数据、消费者的正面反馈。证书材料包括产品和品牌曾经获得的相关荣誉证书，以及相关有利于促进产品销售的学术研究成果等。主播需要收集相关材料，并围绕这些材料组织话术。

三、任务实践

针对某款洗衣凝珠，主播提炼出了产品卖点，形成的话术如下。

在产品介绍方面，"某品牌洗衣凝珠，具备衣物除菌、抑菌、洁净功效。25年的品牌沉淀，只为引领绿色健康生活方式。大品牌值得信赖"。

在介绍价格时，可以说"本款产品市场价为79元，今天直播间特价为9.9元，真的是超低价，超实惠"。

在功效时，可以说"除菌率高，可以有效去除99.9%的细菌，增强衣服的'免疫力'；能长效抑菌，抑菌时间长达72小时，即使在梅雨季节，衣服也能如日晒般清新；快洗无残留，采用浓缩配方，只需15分钟就能快速洗净，省水、省时、省电"。

在利用实验法介绍产品时，可以说"除菌洁净只需3步，抛凝珠、放衣物、启动洗衣机。只需15分钟，您就能轻松享受8倍洁净力"。

在做举证时，可以说"某品牌洗衣凝珠是2021年度热门单品，累计卖出3600多万颗"。

在鼓励消费者下单时，可以说"现在直播间有3000人，我们今天只为前300个订单赠送等价礼品。我倒数5个数，5，4，3，2，1，上链接"。

项目组成员可以选择自己家乡具有代表性的农产品，尝试提炼产品卖点并形成话术。

任务五 主播的风险防范

一、任务导入

项目组通过案例分析发现，随着网络直播的飞速发展，直播平台上出现了一些违法违规的直播行为，严重破坏了网络生态。同时，也有很多主播因为各种各样的原因受到了不公正的待遇。面对这样的问题，项目组认为，需要提前做好风险防范，才能让主播和消费者的权益都得到有效的保障。

那么，主播在直播过程中可能会遇到什么样的风险，又该如何防范呢？

二、知识准备

（一）合同风险与防范

直播行业的迅猛发展使网络主播这个职业受到更多人的关注与青睐，于是很多人纷纷入行，将直播作为自己的事业。很多新人主播由于种种限制，选择依附直播平台、

MCN 机构或直播公会。在直播前，主播与这些合作方建立了劳务关系或商务合作关系。

在合作直播时，一方面，机构会担心主播在有了知名度后被其他机构高薪"挖"走，或者主播由于各种原因不能完成直播任务，也会担心直播作品的归属权等问题。另一方面，主播也担心自己的直播收益如何分配，如何在不断扩大粉丝量和提高人气值的过程中维护自己的合法权益等问题。为了明确各自的权利和义务，双方需要签订劳动合同，也需要了解合同中可能存在的风险。

知识拓展 4-2
主播合同风险
防范的主要内容

（二）销售风险与防范

直播是一种新型的营销模式。这种模式涉及的主体较多，包括直播平台、商家、主播等，有时也包括直播机构。在直播这种商业行为中，各主体都可能面临潜在的法律风险。因此，各主体需要明晰每个环节可能存在的风险，在保护消费者合法权益的同时，积极开展直播活动，提高直播销售能力。

知识拓展 4-3
主播销售风险
防范的主要内容

（三）税务风险与防范

在直播活动中，主播、商家及直播机构应做好税务风险防范工作。主播成立的工作室、个人独资企业等应按规定建账；直播相关主体，包括但不限于主播的经纪公司、直播平台、MCN 机构等，应及时依法代扣代缴个人所得税；主播身边的助理、经纪人及其他相关工作人员也应加强自身的法治意识，审视自身行为的合法性、合规性。

知识拓展 4-4
《产品质量法》

三、任务实践

2020 年，20 岁的女孩王某来到浙江省湖州市织里镇，与当地一家文化公司签订了为期 1 年的《艺人经纪合作合同》，正式成为一名带货主播。合同详细约定了王某每天的直播时间不得少于 6 小时，直播收入超过保底津贴的部分由王某和某文化公司三七分成等权利与义务，同时也约定如果违约，违约方需要支付 10 万元违约金。

签订合同后，满心欢喜的王某全身心地投入到这份她喜爱的工作中，可工作一段时间后，她发现，6 小时高强度的直播是她难以承受的，持续的压力和长时间高声说话让她疲惫不堪，她开始迟到、请假……

在这期间，文化公司因王某连续 3 个月直播时间均不足的问题多次找她谈话，要求其即刻改正，并按合同约定开展工作。初入社会的王某却一气之下直接请长假离开了直播平台。文化公司两次发函要求王某继续进行直播，在遭到王某的拒绝后，文化公司将其起诉至法院，要求解除双方签订的合同，并主张王某支付违约金10万元。

在该案例中，王某与文化公司是劳务关系还是合作关系？如何你是王某，你可以如何规避这种风险？

项目实训

◇ 实训背景

径山茶（见图4-1），浙江省杭州市余杭区特产，中国国家地理标志产品。径山茶分为鸠坑、翠峰、龙井长叶、浙农113等品种。径山茶宴（见图4-2）于2011年被列入第三批国家级非物质文化遗产代表性项目名录。当地政府想借助直播来推广径山茶宴这一非遗文化，也希望借助直播增加径山茶的销量。

图4-1 径山茶

图4-2 径山茶宴

径山茶为条索纤细的卷曲型毛峰，特级茶采摘标准为一芽一叶或一芽二叶初展，经通风摊放、高温杀青、理条整形、精细揉捻，最后经炭火烘干制作而成。其外形细嫩显毫，色泽绿翠；汤色嫩绿明亮，嫩香持久，滋味鲜爽，叶底细嫩成朵且嫩绿明亮。用玻璃杯冲泡一杯径山茶，你就能见识它的真色、真香、真味、真态。其翠绿的色泽、悠悠的清香、丝丝的甘甜，"色、香、味、形"让人赏心悦目，得到感官和精神的多重满足。

◇ **实训要求**

（1）根据该直播主体的特点为其直播间做出定位，并选定合适的主播。
（2）根据径山茶的特点，提炼产品卖点，并撰写产品解说脚本。
（3）预估在直播过程中可能出现的特殊情况，并给出防范与解决方案。

◇ **操作提示**

确定该直播间定位，包括直播间的特点、风格、背景设置、目标消费者等，根据直播间的定位选出合适的主播，将表4-6、表4-7填写完整。该直播间设在余杭区非物质文化遗产馆内，直播的目的是推广径山茶宴这一非遗文化，增加径山茶的销量。

表4-6 直播间定位

特点	风格	背景设置	目标消费者

表4-7 主播的类型及特点

性别	场景	服饰	发型	妆容
男				
女				

根据径山茶的特点提炼产品卖点，将表4-8填写完整。撰写产品解说脚本。

表4-8 径山茶的卖点

特点	价格	功效	竞品对比	品牌背书

预估直播过程中可能出现的特殊情况,并给出防范与解决方案,将表4-9填写完整。

表4-9 可能出现的特殊情况及防范与解决方案

序号	可能出现的特殊情况	防范与解决方案
1		
2		
3		
……		

本项目学习效果测评

知识测评		
知识点	评价指标	自评结果
主播能力	心态管理	□A+　□A　□B　□C　□C−
	形象管理	□A+　□A　□B　□C　□C−
	语言表达能力	□A+　□A　□B　□C　□C−
	卖点提炼	□A+　□A　□B　□C　□C−
主播风险	直播风险	□A+　□A　□B　□C　□C−
能力测评		
技能点	评价指标	自评结果
提升主播能力	心态管理	□A+　□A　□B　□C　□C−
	形象管理	□A+　□A　□B　□C　□C−
	语言表达能力	□A+　□A　□B　□C　□C−
	卖点提炼	□A+　□A　□B　□C　□C−
风险防范	风险防范	□A+　□A　□B　□C　□C−

续表

素养测评		
素养点	评价指标	自评结果
思政素养	职业道德要求	□A+　□A　□B　□C　□C−
	法律法规要求	□A+　□A　□B　□C　□C−
薄弱项记录		
我掌握得不太牢固的知识		
我还没有掌握的技能		
我想提升的素养		
教师签字		

项目五　直播电商运营策划

学习目标

◇ 知识目标

(1) 熟悉直播电商的运营模式。

(2) 了解直播内容策划的方案。

(3) 熟悉直播活动的过程管理方法。

(4) 熟悉直播电商营销策划的流程。

(5) 掌握直播话术设计要点。

◇ 能力目标

(1) 按照直播电商运营方案有序完成直播带货。

(2) 能够进行直播内容选题、定位、包装的系列设计。

(3) 能够完成直播活动的人员配置与流程管理。

(4) 能够设计适合直播的流量转化方案。

(5) 能够撰写契合直播产品特点的直播话术脚本。

◇ 素养目标

(1) 引导学生独立思考、勇于创新、爱岗敬业、团结合作。

(2) 引导学生坚持正确的意识形态导向，弘扬社会主义核心价值观，营造良好的网络生态。

(3) 培养学生的沟通和协调能力，确保学生与团队成员、用户等各方有效沟通。

工作场景与要求

经过调研，小张所在的项目组认为，A县必须具有独特的产业定位，开展直播活动时必须针对农产品的特点进行运营策划，找准产品卖点，设计好运营环节，否则可能难以实现销售目标。随后，项目组成员讨论，决定通过设计完整的直播电商运营方案来促进产品的线上销售,提升品牌影响力。在进行直播电商运营策划时,要从直播内容策划、直播活动策划、直播电商营销策划、直播营销话术等方面开展工作。

任务一 直播内容策划

一、任务导入

小张以前就有在直播电商企业实习的经历,在接到任务以后,小张组织项目组成员召开会议,大家对通过直播进行农产品销售充满了信心。小张知道,好的直播内容策划不仅需要完整地展示产品,而且要贴近消费者需求,激发消费者的购买欲望。他决定从消费者的角度出发,思考如何让直播内容更加吸引人。项目组的大部分成员对直播内容的设计还不是很熟悉,对相关知识也缺乏了解。为此,项目组决定以A县农产品为切入点,挖掘目标消费者的需求,开展直播内容策划工作。

那么,进行直播内容策划时,需要做哪些准备工作?直播内容策划由哪些部分组成?传统企业如何通过直播实现销售转型?

二、知识准备

直播作为一种在线销售的新形式,对于很多消费者而言具有强大的吸引力,其重要原因是主播在直播中展示的很多产品在品质和价格方面具有竞争力。其实,在一场直播活动中,直播内容策划极其重要。好的直播内容策划能够延长直播间消费者的停留时间,提高下单率,对于达成销售目标意义重大。

(一) 直播主题

确定直播主题是直播内容策划中最重要的环节。确定直播主题涉及的具体事项如表5-1所示。

表5-1 确定直播主题涉及的具体事项

事项	说明
确定对标账号	①企业账号对标:根据企业经营类目,确定对标企业账号; ②达人账号对标:根据达人账号耕耘的领域,确定对标达人账号; ③对标账号必须与自身账号的经营类目或垂直领域符合,有明确的细分目标人群

续表

事项	说明
用户痛点分析	通过对比用户没有使用该产品时所面临的主要问题,和该产品帮助用户解决了的问题,来提炼和分析用户痛点
产品卖点分析	①根据用户痛点来提炼卖点; ②卖点应当以解决用户面临的问题为核心,差异化的卖点主要体现在能直击用户痛点
品类热点分析	使用电商直播平台中的选品广场或其他选品工具,分析经营类目中的热门品类,并确定符合直播定位的产品
直播主题	①直播主题应当包含固定话题和热点话题,字数不超过15字; ②直播主题应体现直播间的特征,例如,如果一场直播中展示的都是来自湖北的农产品,那么直播主题就可以是"湖北专场"
直播简介	①直播简介涉及直播时间、核心产品、直播定位、直播商家或达人信息; ②这些信息可以在账号简介、预热海报、预热视频中体现出来
预热海报、预热视频	①预热海报、预热视频用于展示下一场直播的主题,为直播带货进行宣传; ②在预热海报的中心位置,或者预热视频的前3秒钟,要突出直播主题并做介绍

(二)直播环节

直播环节涵盖了直播引流、直播带货、直播复盘等内容。在直播内容策划中,直播环节主要指直播带货的内容和环节设计。参照直播的进程,我们可以将一场直播拆解为直播推品、直播催单和直播互动三个环节。需要注意的是,在直播带货过程中,直播环节的安排比较灵活,并不是严格地以时间线为准。

1. 直播推品

直播推品包括新品推介、福利品推介、主打款推介、爆款推介等。在直播推品环节,直播团队需要提前设置好产品价格和优惠机制,并在主播推品时由中控预设库存,可以根据上品排期进行滚动推品。

2. 直播催单

直播催单环节的主要目的是实现销售转化,因此这一环节往往以低价策略或限时策略为核心。直播催单环节不以介绍和讲解产品为核心,而是突出强调产品卖点和性价比,提示消费者产品热销或非常具有性价比。在该环节中,中控需要根据主播的提示灵活调整库存数量,刺激直播间消费者产生购买行为。

3. 直播互动

直播互动环节的主要目的是提高直播间的消费者留存,降低跳出率。通过直播互动,主播可以引导消费者关注直播账号,或加入粉丝群,成为直播间的固定客群。在直播互动环节,直播团队需要提前设置互动机制,并在直播过程中由主播引导消费者进行互动。

(三)直播流程

直播流程在直播内容策划中占有重要地位。直播流程的规划是指在直播开始前,直播团队对直播带货的内容环节进行计划,例如设计推品、催单、互动等环节。总体来说,在直播流程的设计中,应注意以下三个方面的内容。

1. 开播目的

在直播流程的设计中,直播团队需要围绕直播间定位,以产品卖点为核心,以用户痛点为出发点,综合产品特色、目标消费者需求、营销目标,提炼出此次直播的目的。

2. 营销方式

直播团队需要根据营销目的,选择适合的营销方式,例如稀有营销、利他营销、才艺营销、口碑营销等,将不同的直播营销方式进行组合。

3. 直播元素组合

在确定直播营销方式后,直播团队需要将场景、产品、创意等直播元素进行组合,设计出最优的直播策略。

三、任务实践

完整的直播流程如表5-2所示。

表 5-2 完整的直播流程

阶段	目标	任务
开播计划	市场调研和目标定位	①调查目标消费者的消费行为和偏好； ②分析竞品的直播策略和效果
	确定直播主题，规划直播内容	①围绕热门产品或促销活动确定直播主题； ②规划直播内容，确保突出产品卖点和特色
	设计互动和参与环节	①设计互动环节，例如抽奖、互动答题等； ②确定用户奖励机制
	准备产品，确定产品展示方案	①准备待售产品，确保产品库存充足； ②确定产品展示方案，突出产品特点
	培训主播，设计口播文案	①对主播进行产品知识培训； ②为主播设计口播文案，提升主播的演讲和推销技巧
播前准备	社交媒体推广和预热	①确定社交媒体宣传计划； ②发布预告，引导用户关注
	直播设备和技术准备	①检查直播设备，确保画面清晰稳定； ②测试网络，预防技术故障； ③检查直播道具，确保主播正确使用直播道具； ④检查产品样品
直播过程	直播执行和互动	①展示待售产品，突出产品特点和优惠策略； ②与消费者互动，回答消费者提出的问题，提高消费者的参与感； ③设计上品、催单、福利话术
	购买引导和订单处理	①核对产品链接，确定优惠机制； ②管理库存订单，确保支付和配送流程顺利
播后评估	数据分析和信息收集	①分析直播期间的消费者行为数据； ②整理消费者反馈的意见
	风险评估和应对策略	①检查订单处理流程，处理售后问题； ②准备应对潜在问题的方案
	后期整理和总结	①制作直播切片，用于引流或积累粉丝； ②进行直播复盘，为下一场直播做准备

在直播流程的设计中，需要综合考虑主播团队、技术团队、客服团队的人员特点，确保直播带货的整个过程顺畅进行。项目组成员可以扮演直播团队中的不同角色，分别承担不同岗位的工作。

任务二　直播活动策划

一、任务导入

小张所在的项目组在做出了直播内容策划以后，马上进行直播带货的活动规划与设计，确定了直播活动的整体思路，即通过前期直播预热吸引目标消费者，通过福利产品留存直播间消费者，围绕农产品主题设计互动环节，通过直播带货销售明星产品。由于项目组前期已经开通了抖音小店，本次直播带货在抖音平台进行。

小张所在的项目组设计的整体思路有哪些不足？如何对直播活动进行规划？

二、知识准备

直播营销是以营销为目的的直播活动，需要遵循一定的活动流程。直播活动策划是一项综合性的工作，涉及直播活动的定位、目标、内容、推广、执行和评估等多个方面。在进行直播活动策划时，要确定直播产品和营销目标，这是因为完备的活动方案是一场成功的直播活动的前提，方案是否完备直接决定着直播带货的预期目标能否实现。

（一）产品

传统企业为了适应直播电商的运营模式，首先需要明确其产品定位。直播电商作为一种新形式的营销方式，需要以产品卖点为核心激发消费者的需求，挖掘产品特征中具有吸引力的要素是实现直播间留存和销售转化的关键。在设计直播活动时，通过产品来吸引直播间的消费者是关键。如果没有明确的产品卖点，直播团队就无法设计出具有吸引力的直播内容。因此，在直播前，直播团队需要确定直播间售卖的产品，提炼产品卖点及关键词，以方便进行直播内容的规划。

在通过直播讲解产品时，为吸引直播间的消费者，直播团队需要参照 AIDMA 模型，设计出具有吸引力的直播活动，尽可能增加直播间的留存率。AIDMA 模型的具体内容如图 5-1 所示。

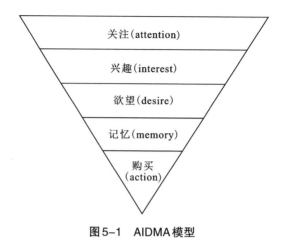

图5-1 AIDMA模型

1. 关注

在电商直播的语境中,直播团队的首要任务是使潜在消费者意识到产品或服务的存在,用具有吸引力的语言引起直播间消费者的注意。直播团队可以在直播过程中设计福利产品、抽奖环节、评论互动等活动,来提高潜在消费者对直播的关注度。引发消费者关注的关键在于让消费者保持期待,设计福利产品、抽奖环节、评论互动等活动恰好能促使消费者对直播间产生期待。

2. 兴趣

促使消费者对直播间的产品产生兴趣是实现直播销售目标的重要一环。在这个阶段,消费者注重产品的使用价值,关注产品能否满足其特定的消费需求。因此,直播活动的设计应当围绕消费者的诉求展开,例如,主播介绍一款连衣裙时,可以说:"夏天穿连衣裙不好看怎么办?这款连衣裙腰线高,能够在视觉上拉长身高,使人显得更高挑。"

3. 欲望

欲望是引发购买意图的关键。在直播带货的过程中,直播团队需要设计能引发消费者购买欲望的活动。主播在直播中强调产品的独特卖点、性能,通过实际演示激发消费者的购买欲望,让消费者渴望拥有这些产品。主播的营销话术可以进一步强化这种欲望。

4. 记忆

记忆是指消费者形成的品牌印象,能够有效促使他们产生复购行为。在直播带货活动中,让用户产生记忆的方式有很多。例如,主播在讲解一款农产品的特点时,可以介绍一些相关的典故,这能够引发消费者的共鸣。

5.购买

消费者在直播间的购买行为可能是即时性的,也可能是计划性的。在直播活动的规划中,直播团队要提前考虑这两种情况。例如,专场直播中的产品往往都在预热海报和预热视频中有简要的呈现,消费者在直播间进行的购买活动一般是计划性的行为。电商大促期间的直播产品往往是有优惠的,消费者在促销信息的刺激下容易产生即时性的购买行为。

(二)用户

在进行直播活动策划时,围绕消费者需求,我们可以设计出三层需求模型(见图5-2)。三层需求模型涵盖了物质需求、情感需求、精神需求的三个方面,它们分别对应最外层的功能需求、稍向内的外部认同需求,以及最内层的心理需求。

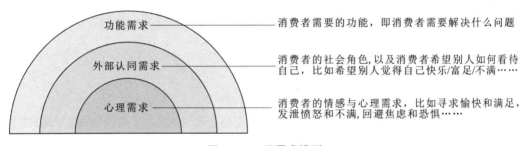

图5-2 三层需求模型

1.功能需求

功能需求是一种比较具体的需求,指的是消费者通常能够直接表达出来的需求,比如"我希望该产品有什么功能""我希望得到什么样的服务""我希望获得什么样的产品"。

在明确消费者对产品的功能需求时,我们要明确消费者的核心痛点是什么。例如,对于购买婴幼儿辅食产品的消费者来说,核心痛点是产品的安全性,如果辅食产品营养均衡全面,曾获得多项认证,品牌历史悠久,且市场反馈好,那么消费者很容易做出购买决策。

2.外部认同需求

外部认同需求是位于第二层次的需求,指的是消费者所扮演的社会角色与消费者希望别人如何看待自己。在直播中,产品除了能够满足消费者的功能需求外,还需要满足消费者的外部认同需求,让消费者觉得物有所值,甚至物超所值。在进行直播活动策划时，应强调产品可能为消费者带来的认同价值。例如，眼镜店在直播中，可以结合热播剧中人物佩戴的细框眼镜做文章，上架同款眼镜，以吸引消费者。

3.心理需求

心理需求指的是寻求愉悦和满足、发泄愤怒和不满、回避焦虑和恐惧等。在直播活动中，消费者心理需求得到满足的一个重要表现是，当消费者对某个主播产生好感时，即便该主播直播带货的产品本身不能为该消费者带来功能需求或外部认同需求的满足，消费者也有可能因为主播提供的情绪价值而产生购买行为，这一点在明星带货直播中非常常见。因此，在直播活动策划中，我们要使用富有感染力的话术，精心设计直播的每一个环节，使消费者对直播间产生并保持好感。

（三）营销目标

直播电商的最终目的是实现产品销售。在直播活动的设计中，我们的营销目标必须围绕产品销售展开。影响一场直播活动的产品销售结果的核心数据有以下几个。

1.GMV

GMV（gross merchandise volume）指的是"商品交易总额"。在电商直播中，GMV是衡量销售结果的最重要的指标之一，也是衡量平台销售规模和发展趋势的重要指标之一。例如，如果一个直播电商平台在一个月内总共成交了1亿元的产品，那么该平台的GMV就是1亿元。

2.ROI

ROI（return-on-investment）指的是"投资回报率"。虽然电商直播的形式缩短了产品流通路径，有力地降低了产品价格，但是由于直播团队需要在直播前和直播过程中持续进行投入，这部分投入就成为衡量产品销售结果的重要依据。ROI是指通过投资而应获得的价值，投资回报率=销售额/成本。

3.转化率

在直播活动中，衡量一场直播带货是否成功的重要指标之一是转化率，它是指直播间成交的订单数量和进入直播间观看的人数的比值。转化率体现了一场直播活动的有效用户比值，但成交订单数量往往包括退单数量，因此转化率对衡量单场直播活动是重要的，但在衡量账号直播情况的时候，应考虑退货订单。

> **课堂讨论**
>
> 项目组成员观看一场手工艺品的直播,然后进行讨论,分享直播活动流程涉及哪些环节。

三、任务实践

A县木雕产品"手工木雕化妆盒"的产品信息如表5-3所示。

表5-3 手工木雕化妆盒的产品信息

SKU[①]	价格	型号	产品规格	产品特色
MCB123	89.99元	HM-2023	尺寸:20cm×15cm×10cm 材质:优质手工木雕 重量:约1千克	①精美手工木雕,非遗传承; ②多层设计,可分类存储化妆品; ③采用高质量木材,经久耐用; ④雕刻细节精致,展现工匠精神; ⑤采用环保材料,健康无害,符合绿色生活理念

这款手工木雕化妆盒以其精湛的手工木雕工艺和独特的设计而闻名。每个化妆盒都是由经验丰富的木雕工匠亲手制作的,呈现出独特的艺术品质。化妆盒的多层设计使其成为理想的化妆品存储工具,能轻松完成化妆品的分类和整理。这款化妆盒不仅外观雅致,而且经久耐用。

这款手工木雕化妆盒适合个人使用,也可以作为礼品馈赠亲友。其独特的设计使之成为装饰化妆台的理想选择。优雅的木雕纹饰使其在任何空间都能够吸引人的注意力,彰显使用者的品位。

在使用和保养方面,这款手工木雕化妆盒应避免长时间暴露在阳光直射下,并远离潮湿的环境。可以使用软布轻轻擦拭,以保持木雕的光泽。避免使用化学清洁剂,以免损坏木材表面。

由于是手工制作,每个化妆盒都可能略有不同。这增加了产品的独特性,使之成为独一无二的艺术品。

项目组成员可以参考以上产品信息,完成手工木雕化妆盒直播活动的设计。

[①] SKU英文全称为stock keeping unit,是产品入库后一种编码归类方法,也是库存控制的最小单位;可以件、盒、托盘等为单位,每种产品均对应唯一的SKU,SKU号包含一种产品的品牌、型号、配置、等级、包装容量、单位、生产日期、保质期、用途、价格、产地等属性。

任务三 直播电商营销策划

一、任务导入

直播电商营销策划是一种通过直播平台展示和推广产品,吸引潜在消费者并促成销售的营销手段。它具有实时性、互动性和真实性的特点。在策划过程中,需要考虑如何选择和介绍产品,如何突出产品价值,以及如何避免选品误区。此外,还需要结合账号定位、消费者特点、产品特点、产品卖点等多维度进行评估和选择。A县计划在本年度"双11"期间开设专场直播,借助电商大促来实现产品销售与品牌升级。

如果A县在"双11"期间在抖音进行品牌专场直播,应如何设计营销方案?

二、知识准备

在直播电商营销策划的过程中,需要确定直播营销目标,选择合适的直播平台,策划直播内容并制定推广方案,同时准备好直播设备,进行直播演练和测试,最后评估直播效果。需要注意市场和竞争对手的情况,精准定位目标消费者,提升主播的专业素养,持续优化和创新直播内容。

(一)直播电商营销策划的内容

直播电商营销策划的内容会因企业品牌和主营业务的不同而有所不同。一般而言,直播电商营销策划的内容会涉及主题、时间、内容、推广、设备环境、话术脚本、演练测试、效果转化,具体如表5-4所示。

表5-4 直播电商营销策划的内容

任务	内容
主题	明确直播活动的目标和主题,例如提高品牌知名度、推广新产品、提高销售额等;可以发布预热海报或者预热视频
时间	结合产品和目标消费者的特点,选择最佳的直播时间和频率;非大促期间,常规直播一般为6:00—9:00、11:00—14:00、18:00—23:00;大促期间,一般在晚间20:00后进行时长不少于4小时的直播
内容	根据产品特点和营销目标,策划有趣的直播内容,如邀请明星、进行互动游戏等;这里要注意样品的选择,样品与实际产品一定要保持一致

续表

任务	内容
推广	直播营销推广主要涉及开播前对预热物料的推广，开播时对直播间的引流；在开播前，可以根据直播平台推流工具设定符合目标消费者特征的引流方案，也可以寻找达人进行推广，如使用抖音精选联盟等
设备环境	为直播活动设计直播场景，大促专场活动往往需要设计专门的背景墙，而常规店铺自播则使用固定背景墙；应当在直播前对灯光、摄影、道具、样品进行检查
话术脚本	话术脚本是直播营销的核心，涉及开场话术、排品话术、讲解话术、催单话术、互动话术等，应当以第一人称视角进行设计
演练测试	在正式直播前进行演练和测试，确保直播的顺利进行
效果转化	根据直播营销目标确定直播带货的实际转化效果

（二）直播电商营销策划的流程

在电商平台开展直播活动之前，需要对直播营销的流程进行整体规划。直播电商营销策划的流程涵盖了确定营销思路、策划和筹备直播、正式直播、二次传播、直播复盘5个环节。

1. 确定营销思路

在确定营销思路时，需要进行一系列分析，包括目的分析、方式选择和策略组合。其中，目的分析需要综合产品特色、目标消费者特征、营销目标，提炼出直播营销的目的，即是以品牌宣传为主还是以产品销售为主。在确定直播营销的目的后，需要根据品牌的调性，选择一种或多种营销方式。在直播带货中，最常见的营销方式是稀有营销。此外，还需要对场景、产品、创意等模块进行规划，设计出最优的直播策略。

2. 策划和筹备直播

直播的策划和筹备工作是将直播营销的整体设计思路以文字的形式进行展示，其中需要涉及营销主题、营销目的、营销方式、营销策略、营销流程、物料宣传、人员分工、效果预估、预算划分等内容。最核心的工作是产品的话术设计，针对不同的产品，一般需要设计不同的话术方案。

3. 正式直播

直播团队根据已经确定的方案完成正式直播。在大多数情况下，直播带货活动都有事前的规划，然而并不是所有的直播活动都能按照既定的规划展开。因此，在直播营销过程中，需要根据现场情况灵活应变，及时对规划做出调整，确保直播活动的顺利开展。在正式直播时，直播开场、直播互动、直播收尾等环节都是必不可少的，每个环节都有话术脚本。

4. 二次传播

二次传播处于直播营销流程的收尾阶段，其主要目的是沉淀直播间的粉丝，并通过视频切片或其他形式吸引新粉丝。二次传播以设计物料为主，其中最重要的是直播的切片视频，通过对直播内容的二次加工和传播，吸引新粉丝，实现直播效果的最大化。

5. 直播复盘

直播复盘包括直播间数据复盘和二次传播的数据复盘工作，其目的是统计直播数据，将其与既定的营销目标进行比较，判断直播的效果。复盘的数据包括直播平台后台统计数据和第三方数据统计平台的数据，一般以直播平台的后台统计数据为主。

（三）直播电商营销策划的预算规划

合理的直播电商营销策划的预算规划是确保直播活动有效实施的关键。在确定直播电商营销策划的预算规划时，需要综合考虑人力资源成本、引流推广费用、设备及场地费用、奖励和促销成本、后期运营费用等。一般来说，设计直播电商营销策划的预算规划时，需要细分到二级支出，以方便财务人员核对账务。典型的直播电商营销策划的预算样表如表5-5所示。

表5-5 直播电商营销策划的预算样表

项目		预算	合计
人力资源成本	主播团队费用		
	运营团队费用		
引流推广费用	平台推流费用		
	合作方费用		

续表

项目		预算	合计
设备及场地费用	技术设备费用		
	场地费用		
奖励和促销成本	用户互动奖励成本		
	店铺促销成本		
后期运营费用	数据分析费用		
	售后服务费用		
	物料制作费用		
备用预算			
总计			

三、任务实践

小张所在的项目组目前计划为 A 县一家木雕企业做直播电商营销策划。请根据该企业提供的以下信息,帮助项目组完成直播电商营销策划。

企业名称为欣雅木雕工艺有限公司(简称欣雅木雕),这是一家位于 A 县的木雕企业,成立于 1995 年。欣雅木雕以传统手工木雕为特色,拥有丰富的工艺传承和先进的制作技术。产品包括精美的雕刻花瓶、古典风格的相框等。欣雅木雕注重每一件作品的艺术性,以高质量的木材和匠心独运的工艺,赢得了国内外客户的信赖与好评。

抖音店铺名称为欣雅木雕工艺专营店。店铺简介为"欣雅木雕工艺,传承木雕经典,致力于创造高品质手工木雕艺术品。每一件作品都融合了悠久传统和现代设计,展现了独特的工匠精神。欢迎关注我们的抖音店铺,发现精美木雕艺术的无限魅力"。

店铺主营产品为手工艺木雕摆件。此外,店铺还可以为消费者定制手工艺品。

任务四　直播营销话术

一、任务导入

直播营销话术是主播在直播中用来推销产品、引导消费者购买的话术。简单来说,主播需要用简洁明了的语言介绍产品优势、优惠信息,引导消费者做出购买行为,同时增强和消费者的互动,预告下次直播的时间和内容,以吸引消费者的注意力,引导他们持续关注直播间。有效的直播营销话术可以提高产品的知名度和销售效果。A县农户从未开展过直播活动。"双11"即将到来,他们打算以木雕为主打产品开展直播带货活动。

那么,应该为A县的"双11"直播营销活动设计怎样的直播营销话术?

二、知识准备

直播团队在正式开始直播前,需要设计直播营销话术。因此,直播团队需要了解产品,明确直播的主题和目标,设计直播流程,编写直播脚本,进行多次练习,并及时做出调整。精心的准备和灵活的应对方案可以有效提升直播的效果。

(一)直播营销话术脚本

设计适宜的直播营销话术脚本是成功开展直播带货活动的关键。直播营销话术脚本涉及的内容比较多。典型的直播营销话术脚本如表5-6所示。

表5-6 直播营销话术脚本的内容

时间	内容	排品	营销信息	参考话术
开播前	整理货品,做好推流后台的设置,进行灯光和镜头的调试	/	亲密度等级最高者,可以领取50元优惠券(满399元即可使用); 3分钟定时公告; 3分钟关注卡片; 开播粉丝推送	/
9:00—9:15	用5—10分钟和粉丝打招呼,聊一聊粉丝感兴趣的话题,预告今天直播间值得关注的好物	展示礼品,播放背景音乐	粉丝完成亲密度任务,即可领取50元优惠券; 不定时送福利; 点赞满5万,主播进行才艺表演; 挚爱粉有机会得到礼品(价值399元的真毛化妆刷一套); 开播20分钟后抽开播奖	早上好,各位宝宝们!又和大家见面了,大家都吃早餐了吗?现在早晚温度还有点低,各位宝宝要注意保暖哦!今天我们直播间有很多福利优惠哦,大家千万不要错过呀!我今天早晨起床穿衣服的时候,衣服有静电,导致头发都紧贴着头皮,还好我有这款除静电喷雾!今天我也把这款喷雾带到咱直播间了。用起来真不错,最适合这个季节使用。我还为大家申请到了很大力度的优惠……

续表

时间	内容	排品	营销信息	参考话术
9:15—9:20	主播引导消费者关注直播间，成为粉丝；告知粉丝分享直播间即可参与抽奖，刷屏展示抽奖信息，时长3分钟左右	现金红包	抽满屏开播现金红包8.88元	好了，咱们的老粉丝基本都到啦，每天见到你们很开心，新进直播间的宝宝别忘了点下关注，我们马上就要抽奖了，抽满屏现金红包，没关注的宝宝中奖不作数哦。各位宝宝别忘了分享我们的直播间给亲朋好友，大家一起参与，一起享受福利。我给大家一个口号，大家有2分钟时间，我们刷起来，看看谁的手速快，刷的频率越高，中奖的概率就越大哦！（留出时间让粉丝互动刷屏，吸引人气，讲解规则。）恭喜下面几位宝宝中奖……请联系客服领取现金福利。没有中奖的宝宝也没关系，待会儿我还会为大家抽奖……

（二）直播营销话术的类别

设计适宜的直播营销话术是一场直播取得成功的核心。话术主要由主播负责呈现，但直播团队的助播和其他岗位的工作成员也需要配合主播，烘托直播间的气氛。总的来说，目前常规的直播营销话术涉及开场话术、排品话术、讲解话术、催单话术、互动话术5种。

1.开场话术

开场话术是直播营销中的重要环节，旨在吸引消费者的注意力，营造积极的直播氛围。其核心内容应包括简洁明了的问候语，主播迅速介绍直播的主题和内容，同时展现出应有的专业性和热情。有效的开场话术能够立即吸引消费者的注意力，为接下来的直播打下良好的基础。主播需要在短时间内传达直播的核心价值，让消费者对即将展示的产品或服务产生期待。优秀的开场话术不仅为直播定下基调，而且在无形中拉近了主播与消费者之间的距离，为后续的互动和销售打下坚实的基础。

知识拓展 5-1
开场话术示例

2. 排品话术

排品话术是指在直播过程中，根据产品特点和市场需求，主播对展示的产品进行合理的排序和搭配。主播需要了解每款产品的特性、优点和适用场景，并根据消费者的购买需求和购买力进行合理的排序和搭配。排品话术的关键在于根据市场需求和产品特点制订合理的展示计划，让消费者能够更加方便地了解和购买产品。同时，主播还需要根据不同产品的特点和适用场景，进行有针对性的介绍和解释，以便消费者能够更好地理解产品的价值和功能。通过合理的排品话术，主播可以更好地展示产品，提高消费者的购买兴趣和购买意愿。

知识拓展 5-2
排品话术示例

3. 讲解话术

讲解话术是指在对产品进行介绍和解释时，使用规范、准确、吸引人的语言，以便让消费者更好地了解产品的特点、功能和优势。好的产品讲解话术能够清晰地传达产品的核心价值，激发消费者的购买兴趣。在讲解产品的过程中，主播需要注意以下几点：首先，要准确、清晰地阐述产品的特点、功能和优势；其次，要使用生动、形象的语言，让消费者更容易理解和接受；最后，要根据消费者的需求和反馈，灵活调整讲解内容，更好地满足消费者的需求。通过好的讲解话术，主播可以更好地展示产品的价值和优势，提高消费者的购买意愿和忠诚度。

知识拓展 5-3
讲解话术示例

4. 催单话术

催单话术主要是用于直播过程中，主播鼓励消费者下单购买产品。催单话术的关键在于抓住消费者的需求和心理，用简洁明了的语言，强调产品的优点和产品能为消费者创造的价值，同时为消费者营造一种紧迫感，让他们觉得现在不下单就可能错过机会。催单话术应该具有针对性，应针对不同类型的消费者使用不同的语言，避免使用过于强硬或针对性不足的语言。同时，催单话术也应该有节奏感，让消费者感受到直播的氛围和购买的紧迫性。通过好的催单话术，主播可以有效地提高消费者的购买意愿和购买量。

5. 互动话术

互动话术是指在直播过程中，主播与消费者之间进行互动交流时使用的话语。通过互动话术，主播可以引导消费者关注直播间、增加消费者参与度、活跃直播氛围，同时也可以为下次直播进行预告和宣传。

知识拓展5-4
互动话术示例

三、任务实践

A县拥有众多木雕企业。为了在"双11"这个重要的电商节日拓展业务，A县的一家大型木雕企业决定开展抖音专场直播。

该企业拥有专业的设计师和技术人员，产品以精湛的技艺和高质量的材料著称，备受消费者喜爱。此次专场直播旨在向更多人展示其木雕工艺的魅力，并提升线上销售额。

在直播中，企业会展示不同种类的木雕产品，并由专业人员讲解木雕的起源、发展和文化内涵。同时，他们还设计了各种互动环节，如抽奖、限时优惠等，以提高消费者的参与度，激发消费者的购买热情。

请为该企业的专场直播设计话术，将表5-7填写完整。

表5-7　木雕产品专场直播话术

话术类别	参考话术
开场话术	
排品话术	
讲解话术	
催单话术	
互动话术	

项目实训

◇ 实训背景

A县素有悠久的木雕传统，其独特的文化底蕴造就了众多优秀的木雕企业。为推动传统木雕产业转型升级，提升企业的市场影响力，A县的一些木雕企业决定借助电商直播这一新兴渠道，开展"双11"直播活动。本项目旨在通过直播平台，展示A县木雕企业的精湛工艺和木雕产品蕴含的文化内涵，将木雕产品推向更广阔的市场。表5-8中为A县代表性木雕企业提供的基本产品信息。

表5-8 木雕产品信息

SKU	产品名称	规格型号	卖点信息	库存（件）
WD001	手工雕刻花瓶	HM-2021	精美手工雕刻，花瓶独一无二	50
WD002	古典风格木雕相框	PF-1023	古典风格设计，适合展示比较珍贵的照片	30
WD003	龙凤呈祥木雕屏风	SC-2022	传统龙凤图案，寓意美好；屏风具有实用性	20
WD004	手工雕刻音乐盒	MB-1056	精细雕刻，可演奏美妙的音乐	50
WD005	定制木雕婚庆盒	WH-2021	个性化定制，是婚礼的独特见证	80
WD006	生肖属相木雕摆件	ZA-2032	生肖属相系列，非常经典	70
WD007	手工雕刻书签	BK-1034	精致小巧，送礼佳品	60
WD008	木雕茶壶	TP-1045	传承传统茶道文化，精美实用	40
WD009	福禄寿喜木雕挂件	HL-2043	寓意吉祥，适合家居装饰	30
WD010	荷花意境木雕花座	FL-2011	荷花寓意纯洁，适合家居装饰	30

主播在介绍产品时，需要注意如下要点：①突出木雕作为手工艺品的定位；②将木雕产品与非物质文化遗产传承联系起来；③提醒消费者注意福利机制，消费者关注直播间并评论"非遗手工木雕传承"，即可在线抽取100元店铺通用优惠券，优惠券限量50张。

◇ 实训要求

（1）确定营销主题，根据该企业的经营特点为其进行账号定位，设计直播营销活动的目标。

（2）根据"双11"期间的直播营销目标，设计时长2小时的直播活动营销流程，要有明确的产品特点和目标消费者。

（3）为直播设计营销形式，需要以产品为核心，包括但不限于稀缺营销、品牌联名、在线抽奖等营销形式。

（4）设计直播推广方案，包括直播前的预热推广与直播中的加热推广。介绍要使用哪些抖音推广工具，例如人群包信息和推广预算等。

（5）对直播带货期间的线上场景和物料进行设计和规划。

（6）根据表5-7中的信息，设计直播营销话术脚本。

（7）预估营销效果，并制订效果预算表，其中预算需细分至各项目的一级类目。

◇ 操作提示

（1）确定营销主题，本项目要求以A县的代表性木雕企业进行"双11"专场直播为背景，根据产品特点确定营销主题，突出非物质文化遗产传承的内涵，强调木雕产品的品牌定位。

（2）设计为时2小时的直播流程，将表5-9填写完整。

表5-9 直播流程

环节	任务	岗位分工
播前准备		
物料规划		
预热引流		
直播执行		
二次传播		
复盘总结		

（3）依据"双11"期间的直播情况，确定直播营销活动各阶段的细分目标；根据各阶段的细分目标确定各阶段的营销方式；阐释为何使用该营销方式，将表5-10填写完整。

表5-10 直播内容规划

阶段	营销目标	营销方式	策略阐释
引流			
留存			
转化			
沉淀			

（4）为直播间设计直播推广方案，包含直播前的预热推广与直播过程中的加热推广，以抖音平台的推广工具为例进行阐释，将表5-11填写完整。

表5-11 直播推广设计

阶段	人群标签	地域	投放目标	投放时长	投放金额	投放工具
预热推广						
直播间加热						

（5）以"双11"直播为背景，以保护非物质文化遗产为主题，规划并设计符合直播带货要求的直播间线上场景和物料，将表5-12填写完整。

表5-12 直播间线上场景设计

物料	规格	内容
背景海报		
样品摆放		
福利展示		
活动展示		
抽奖福袋		

（6）根据木雕企业提供的产品信息，为10款产品设计相应的话术脚本。话术要具有针对性，能够体现对应产品的卖点，并具有一定的互动性和娱乐性。直播时段为11月1日至11月11日晚间19:30—21:30。完成表5-13中的话术模板和表5-14中的直播话术脚本。在设计直播话术脚本时，需要注意的是，除预热环节和收尾环节外，其余每个环节用时都不应超过10分钟。讲解每款产品的时间应控制在3—5分钟。每讲解完3款产品，可以通过排品话术进行滚动讲品，但每款产品的单次讲解时间都不应超过5分钟。

表5-13 直播话术模板

话术类别	话术模板
开场话术	
排品话术	
讲解话术：产品1	
讲解话术：产品2	
讲解话术：产品3	
讲解话术：产品4	
讲解话术：产品5	
讲解话术：产品6	
讲解话术：产品7	
讲解话术：产品8	
讲解话术：产品9	
讲解话术：产品10	

续表

话术类别	话术模板
催单话术	
互动话术：气氛	
互动话术：福利	
互动话术：抽奖	
互动话术：关注	

表 5-14　直播话术脚本

时间	内容	排品	营销信息	参考话术
19:30—（　　）				
……				
（　　）—21:30				

（7）为直播营销活动的整体方案设计效果和预算，其中预算需细分至各项目的一级类目，将表5-15填写完整。

表 5-15　直播效果和预算

项目	内容/数量	效果	预算（元）	合计
场地	硬装	/		
	软装			
物料	海报	/		
	各类卡片			
	产品图			
	抽奖工具			
人工	主播团队	/		
	运营团队			
	技术团队			
推广	视频推流			
	直播间加热			

续表

项目	内容/数量	效果	预算（元）	合计
营销	直播间抽奖			
	直播间福袋			
	产品优惠券			
	平台"双11"活动			
后期	二次传播物料			
	二次传播推广			
	售后服务	/		
	数据平台			
共计				

（8）以小组为单位，完成项目实训，并进行课堂展示，最终形成项目报告。根据项目操作提示，小组成员明确分工，完成汇报材料。

本项目学习效果测评

知识测评		
知识点	评价指标	自评结果
直播电商运营策划	内容设计方案	□A+ □A □B □C □C−
	过程管理	□A+ □A □B □C □C−
	营销设计	□A+ □A □B □C □C−
话术设计	话术设计	□A+ □A □B □C □C−
能力测评		
技能点	评价指标	自评结果
直播电商内容选题、定位、包装的系列设计	内容选题	□A+ □A □B □C □C−
	定位	□A+ □A □B □C □C−
	包装	□A+ □A □B □C □C−
设计适宜的流量转化方案	流量转化方案	□A+ □A □B □C □C−
撰写符合直播产品特征的直播话术	话术	□A+ □A □B □C □C−

续表

素养测评		
素养点	评价指标	自评结果
思政素养	职业道德要求	□A+ □A □B □C □C−
	法律法规要求	□A+ □A □B □C □C−
薄弱项记录		
我掌握得不太牢固的知识		
我还没有掌握的技能		
我想提升的素养		
教师签字		

项目六　直播选品与定价

学习目标

◇ **知识目标**
（1）熟悉直播电商的选品策略。
（2）熟悉直播电商的品控策略。
（3）熟悉直播电商的产品结构规划。
（4）熟悉直播电商的产品定价策略。

◇ **能力目标**
（1）按照工作流程有序完成直播带货。
（2）能够完成直播间的选品策略。
（3）能够完成直播间的品控。
（4）能够合理规划直播间产品结构。
（5）能够完成直播间产品的定价。

◇ **素养目标**
（1）引导学生从市场需求出发，科学选品和定价。
（2）教授学生分析消费者心理和行为的方法，提升选品和定价的精准度。
（3）培养学生的市场敏感度和创新意识，不断优化选品和定价策略。

工作场景与要求

　　小张所在的项目组接到教师布置的任务后，迅速开展相关工作。经过调研，项目组成员一致认为，直播间农产品选品策略的好坏将决定直播间在线人数的变化，好的产品、优质的口碑是直播电商最常用的宣传方式。项目组成员认为，要先挖掘优质的产品，才能打造优质的直播间，这需要从熟悉直播间的选品策略、品控策略、产品结构规划、产品定价策略等方面开展工作。

任务一　直播间的选品策略

一、任务导入

小张所在的项目组接到任务以后，对此非常重视，也对直播间的选品充满信心。大家马上召开会议，大家对直播间的选品策略展开了充分的讨论。大家一致认为，做农产品直播的关键就是提供高性价比的产品，确保直播的真实性。

1. 提供具有高性价比的产品

高性价比的产品往往是质量好，且价格与质量相匹配的产品。想要做好农产品直播，直播团队就需要结合大多数消费者的需求，推荐具有高性价比的产品，提高消费者对直播间的认可度。

2. 保证直播的真实性

农产品直播一定要真实。要做到真实，直播团队可以从很多方面做出努力。例如，如果直播间售卖的是水果，那么直播团队就可以将直播间布置在果园里，主播的人设绝不是穿着精致的职场丽人，而是勤劳淳朴的农户。主播在讲解时，可以穿插着介绍与农产品种植、采摘、包装相关的趣事，依靠真实的产品、真实的人、真实的故事来吸引粉丝、打动粉丝。

二、知识准备

适宜的选品策略是直播成功的关键因素之一，选什么产品直接决定直播间的销售情况如何。常用的直播间的选品策略主要有以下三种。

（一）粉丝画像选品

直播间的粉丝大部分来自主播的粉丝群。所以，在开播前充分调研粉丝的实际需求和喜好尤为重要。直播团队可以通过粉丝画像预测粉丝需求，针对粉丝的年龄、性别、地域分布、爱好等特点选择合适的产品。

1. 粉丝画像的概念

粉丝画像是根据社会属性、生活习惯和其他行为等信息抽象出来的一个标签化的粉丝模型。简单来说，粉丝画像就是为粉丝贴标签，直播团队通过这些高度概括的标签，可以更好地认识粉丝、了解粉丝、服务粉丝。粉丝画像中涉及的因素包括粉丝的年龄、性别、地域分布、爱好等。

2. 影响选品的粉丝画像因素

（1）年龄

年轻人追求时尚，年纪稍大的群体注重养生。不同年龄层的粉丝由于消费观念的不同，需求差异是很大的。按照年龄，我们可以将粉丝划分为四个群体：少年群体、青年群体、中年群体和老年群体。

少年群体基本上都是学生，没有太大的消费能力，几乎所有消费需求都由父母代为实现。其消费特点为：有自己的消费偏好，喜欢跟随同龄人的购买行为，受视觉化宣传的影响较大；在选购产品时，看重产品的外观，喜欢新奇、独特的产品。如果直播间的目标用户是少年群体，那么主播在选品的时候就需要多选择新奇、独特、契合少年群体喜好的产品。另外，在直播过程中，应该通过直观形象的展示突出产品的作用和价值，增强产品的吸引力。

青年群体人数众多，消费潜力大，消费形式多样，在整个消费市场中占据着重要的位置，并有较大的影响力。他们的消费行为和其他群体有许多不同之处。青年群体的消费观念受其内在的心理因素支配。如果直播间的目标用户是青年群体，那么主播在选品的时候，就需要多选择时尚、新颖的产品，清楚地展示产品的功能，讲解品牌渊源，说明产品的优势。

中年群体的心理已经比较成熟，在购买产品时，他们更注重产品的质量和性能。中年群体偏爱大众化的产品，而不是个性化的产品。但他们有时也会被新产品吸引，同时也会考虑新产品的实用性。他们还会对别人推荐的产品进行客观理智的分析，不会轻易做出购买行为。如果直播间的目标用户是中年群体，那么直播团队在选品的时候，就应该选择性价比高、口碑好、大众化的经济实用型的产品。

老年群体生活经验更丰富，对健康和养生非常重视。如果直播间的目标用户是老年群体，那么直播团队在选品的时候，可以多选择营养品、保健品，同时直播间还要有非常实用的日用品，在讲解的时候，主播可以介绍一些健康知识，吸引老年群体的注意力。

（2）性别

不同性别消费者的消费需求是不同的，女性和男性的消费特点也有差异（见表6-1）。通常女性偏向情绪购物，容易冲动消费，购买的多是美妆、家居用品等。而男性购物时相对理性，一般是按需求消费，购买的多是电子产品等。主播在选品时，性别差异是必须考虑的因素之一。

表6-1 女性和男性消费特点的差异

性别	女性	男性
消费特点	忠诚度与推荐度高	注重质量和实用性
	具有较强的从众心理	非常自信,一般会迅速做出决策
	喜欢具有美感的事物	不太关注细节
	易受身边环境的影响	喜欢特征明显的产品

(3) 地域分布

不同地域的消费者在消费行为、习惯和偏好上存在差异。这种差异的存在是由多方面的因素造成的,例如地理环境、气候、文化传统、经济水平等。这些因素会影响消费者对产品的需求、购买能力和消费方式。例如,北方消费者需要更多的供暖设施和保暖衣物,而南方消费者则更关注空调和轻薄的夏装。这种地域分布带来的需求差异,直接影响人们的消费决策。

(4) 爱好

不同的人群有不同的爱好。在粉丝画像中,爱好是一项非常重要的指标。例如,如果粉丝画像显示一位男性消费者经济条件优越,喜欢运动,那么为其推荐实用的家居清洁产品可能就无法激发他的兴趣;同样,为一位爱好旅游的单身女士推荐酒店或许能促使她做出购买行为。

(二) 主播人设选品策略

产品与主播一定要相互匹配,把合适的产品交给合适的人去卖,是直播的基本规则。这就是说,商家要根据产品的特点选择与之匹配的主播,主播也要根据自己的人设挑选产品。

主播要有自己独特的直播方式,能够形成自己的直播风格。例如,如果直播间售卖的是母婴产品,那么商家应尽量选择养育过孩子、有育儿经验的年轻妈妈来做主播;如果选择一位看起来年轻时尚,穿着打扮非常前卫的男性来当主播,那么很多消费者就很难对主播建立起信任感,直播间的销售目标也很难达成。

主播在选品时,一定要根据自己的人设定位、讲解风格,选择与自身条件契合的产品,这样才能更好地展现产品的优势,提高成交率。另外,新手主播可以先尝试售卖与账号定位相关的、自己擅长的、非常感兴趣的垂直领域产品,待积累了丰富的经验后再拓展其他类目的产品。

（三）行业趋势选品策略

线下商家在每一个季节都会对产品做出相应调整，如售卖家用电器的门店在夏天卖风扇，在冬天卖暖风机。每逢特定节日，商家更会提前布局应景的产品，比如中秋节时在显眼的位置摆放月饼礼盒，端午时摆放粽子等。线上直播也应如此，主播要有针对性地调整产品。

在直播营销中，很多产品都会因受到季节的影响而呈现旺季和淡季之分。例如，冬天适合销售的是羽绒服、羊绒大衣、帽子、围巾等，而过季的连衣裙、短袖、短裤等则被商家存入仓库。当然，有的消费者可能会因为性价比高等原因购买这些过季服饰，但它们通常不会成为"爆品"。因此，对于售卖服装的直播间来说，主播在选择服饰类产品时，就需要根据季节做出考量，分析什么时间进行冬装新款预热，什么时间进行冬装大促，什么时间进行冬装清仓促销，什么时间开始上架春装等。

三、任务实践

项目组成员观看一场直播，根据用户画像，分析其中采用的选品策略。

任务二　直播间的品控策略

一、任务导入

直播带货是当下最火热的电商模式之一，它通过主播与消费者的互动，展示和推荐产品，从而实现销售转化。直播带货的优势在于，它可以利用主播的人气、口碑和专业度，提高产品的曝光度和信任度，激发消费者的购买欲望，缩短消费者的决策时间，降低营销成本，提升销售效率。

但是，直播带货也面临着一些挑战和风险，其中最重要的就是如何保证直播间的产品品质，避免出现产品质量问题、虚假宣传、售后纠纷等，因为这些会影响主播和品牌的形象和信誉，损害消费者的权益，引发负面的社会舆论。因此，商家必须建立和完善直播间的品控策略，对直播间的产品进行严格的筛选、审核、检测和管理，确保直播间的产品质量、数量和渠道符合相关的法律法规的规定，保障直播间的正常运营和可持续发展。

二、知识准备

掌握直播间的品控策略，包括产品质量把控、产品数量把控和产品渠道把控的方法和技巧，分析如何应对直播间的品控问题和危机。

（一）产品质量把控

产品质量把控是直播间品控的核心和基础，直接关系到消费者对产品的满意度、对品牌的忠诚度，以及主播的口碑和信誉。产品质量把控是指对直播间的产品进行全方位、全过程的质量管理，包括选品、审核、测评、检测、宣传、售后等环节，以确保产品的质量符合消费者的期望和需求，以及相关的法律法规和标准规范。产品质量把控的关键是建立完善的选品流程，这是直播间产品质量把控的第一步，也是最重要的一步。建立完善的选品流程目的是为直播间挑选出适合的、有市场的、有品质的产品，同时也能确定直播间的风格和方向。完善的选品流程包括以下内容。

1. 初步筛选

根据直播间的定位、主题、主播人设、风格等，确定直播间的产品品类、品牌、款式、价格等，从海量的产品中进行初步筛选，形成候选产品清单。

2. 资质审核

对初步筛选出的产品进行资质审核，主要是审核产品的生产许可证、质量检验报告、商标注册证、专利证书等，以及商家的营业执照等，确保产品和商家的合法性和正规性。

3. 试样测评或抽样检测

对通过资质审核的产品进行试样测评或抽样检测，主要是检查产品的外观、功能、安全性、耐用性、实用性等，以及产品的包装、说明书、配件等，确保产品的质量和完整性。

4. 卖点等宣传内容审核

对通过试样测评或抽样检测的产品进行宣传内容的审核，主要是审核产品的卖点、优势、特色、用途、效果等，以及产品的宣传海报图片、视频等，确保产品的真实性和合理性，避免带有虚假、夸张、误导成分的宣传。

知识拓展6-1
撰写宣传内容时
应遵守的原则

5. 复审

对经过以上流程的产品进行复审，主要是综合考虑产品的品质、市场、利润、风险等因素，最终确定直播间的产品清单。

6. 建立严格的审核台账备查制度

由于选品过程中存在资质提供形式多样、样品不能提供或不易保存等情况，为了保证选品的可追溯性和可查性，需要建立严格的审核台账备查制度。审核台账是指记录选品过程中的各项审核结果和信息的台账，包括产品的基本信息、商家的基本信息、资质审核结果、试样测评或抽样检测结果、卖点等宣传内容审核结果、复审结果等。审核台账应当按照一定的格式和规范进行填写、保存和管理，方便随时查询和核对。

7. 建立有效的第三方检测机制

为了进一步保证产品的质量，需要建立有效的第三方检测机制，即委托具有资质和公信力的第三方检测机构，对直播间的产品进行必要的检测。第三方检测机制可以在直播销售的事前、事中、事后进行，具体的检测方式和频率可以根据产品的品类、特性、风险等进行灵活调整。第三方检测机制的优势在于，它可以提高产品的质量信任度，增强消费者的购买信心，同时也可以作为直播间的品控证明，提升直播间的专业性和权威性。

8. 建立完善的售后服务

售后服务是直播间品控的延伸和补充，它是主播与消费者的持续沟通和交流，有利于主播获得真实的消费者评价和反馈。

（二）产品数量把控

产品数量把控是直播间品控的重要因素之一，直接关系到直播间的销售额、转化率、库存、成本等，以及消费者的购买体验和满意度。产品数量把控是指对直播间的产品进行合理的数量管理，包括产品的备货、补货、清货等环节，以确保产品的数量符合直播间的销售目标和消费者的购买需求，同时还要考虑产品的保质期、季节性、流行度等因素，避免产品数量过剩或不足。产品数量把控的关键是建立科学的备货机制。备货是直播间品控的前提和基础，是指在直播销售之前，准备必要数量的产品，以满足直播间的销售需求。备货的目的是保证直播间的产品有足够的供应，避免出现断货的情况，因为断货会影响直播间的销售效果和消费者的购买体验。科学的备货机制一般包括以下几点。

1. 预测

预测是产品数量把控的第一步，也是最关键的一步。预测的目的是根据直播间的历史数据、市场分析、消费者行为等，预测直播间产品的销售量、销售额、销售速度等，从而确定直播间的产品的备货量。预测方法有多种，如历史平均法、趋势法、回归法、指数平滑法等，可以根据产品的品类、特性、周期等灵活选择和调整预测方法。

2. 计划

计划是备货的第二步，是指根据预测的结果，制定直播间的产品备货计划，明确备货的时间、地点、方式、费用等，同时也要考虑产品的保质期、季节性、流行度等因素，以及直播间的销售策略、促销活动等，这样才能使备货计划既合理又灵活。

3. 执行

执行是备货机制中的第三步，是指按照备货计划，实施直播间的产品的备货操作，包括与商家的沟通、协调、签订合同等，以及产品的采购、运输、入库、验收、上架等，确保产品的数量、质量、时效、安全性等符合备货计划的要求。

4. 监控

监控是备货机制中的第四步，是指对备货的过程和结果进行实时监测和评估，及时发现和解决备货中存在的问题和风险，如产品延期交付、包装损坏、产品丢失、产品错发等，同时也要根据直播间的销售情况和市场变化，对备货计划进行必要的调整和优化，提高备货的效率和效果。

5. 建立灵活的补货机制

补货是直播间产品数量把控的重要环节之一，是指在直播销售的过程中，根据直播间的产品的销售情况和库存情况，对直播间的产品进行必要的数量补充，以保持直播间的产品的供应，避免出现缺货的情况。补货的目的是保证直播间的产品有充足的库存，满足消费者的购买需求，同时也要考虑产品的保质期、季节性、流行度等因素，避免产品过剩，也避免产品积压或滞销。补货机制如图6-1所示。

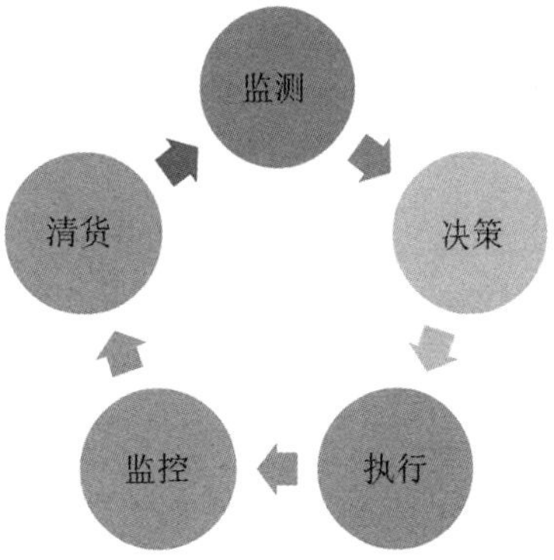

图6-1 补货机制

（三）产品渠道把控

产品渠道把控是直播间品控的重要因素之一，直接关系到直播间的产品的来源、流向、价格、利润等,以及消费者的购买体验和对产品的满意度。产品渠道把控是指对直播间的产品进行合理的渠道管理,包括产品的采购渠道、销售渠道、物流渠道等,以确保产品的渠道符合直播间的销售目标和消费者的购买需求,同时也要考虑产品的品质、安全性、时效性等因素,避免渠道中可能出现的问题或风险。

产品渠道把控的方法和技巧主要包括以下几个方面的内容。

1. 建立稳定的采购渠道

采购渠道是直播间品控的基础和保障,是指为直播间提供产品的渠道,如供应商、代理商、分销商、厂家等。建立稳定的采购渠道目的是保证直播间的产品有充足的供应,避免出现断货的情况。采购渠道的建立应当遵循以下原则。

(1) 合法

采购渠道应当符合相关的法律法规和标准规范,不得有违反社会公序良俗、损害国家利益、侵犯他人权益的行为,不得有涉及侵权、仿冒、盗版等非法行为。

(2) 正规

采购渠道应当具有合法的资质和证件,如营业执照等,同时也要具有良好的信誉和口碑,如客户评价、行业荣誉等。应当避免与不正规的渠道合作。

(3) 专业

采购渠道应当具有专业的能力和水平,如产品的生产、加工、质检、包装、储存等,同时也要有能力提供专业的服务和支持,如产品的采购、运输、入库、验收、上架等。应当避免与不专业的渠道合作。

(4) 稳定

采购渠道应当具有相对稳定性,产品的数量、质量、价格、时效等相对稳定。采购渠道与销售渠道、物流渠道等形成了比较稳定的关系和协议。应当避免与不稳定的渠道合作。

2. 建立多样化的销售渠道

建立多样化的销售渠道是直播间品控的重点和突破口。销售渠道是指为直播间产品提供销售服务的渠道,如直播平台、电商平台、社交平台、自营平台等。建立多样化的销售渠道的目的是扩大直播间产品的销售范围,提升销售效果,满足不同消费者的购买需求,迎合不同消费者的购买习惯,同时也要考虑产品的品质、安全性、时效等因素。

3. 建立高效的物流渠道

建立高效的物流渠道是直播间品控的关键和保障。物流渠道是指为直播间产品提供运输的渠道，如快递公司、物流公司、自营物流等。建立高效的物流渠道的目的是将直播间的产品快速送到消费者手中，避免出现延误、损坏、丢失等情况，因为这些会影响消费者的购买体验和对产品及品牌的满意度。

三、任务实践

思考以下问题：补货机制包括哪些内容？什么是直播间的品控？如何进行产质量把控？直播间的售后服务包括哪些内容？

任务三　直播间的产品结构规划

一、任务导入

直播间的产品结构规划不仅影响着直播间的销售额，而且影响着品牌形象和消费者满意度。因此，我们需要深入理解产品结构规划的定义，确定产品结构规划策略。

二、知识准备

（一）产品结构规划的定义

产品结构是指商家销售的所有产品的组合。它涉及产品的种类、数量、质量、价格等因素。产品结构的优化可以帮助商家提高销售额，提升品牌形象，满足消费者需求，提高消费者对产品和品牌的满意度。

产品结构规划是直播电商运营中的一项基础工作，它涉及对产品的种类、数量、价格和上架时间等的安排。合理的产品结构规划能够确保直播间内产品的多样性和竞争力，能够使产品满足不同消费者的需求，同时优化库存，提高销售效率。

（二）产品结构规划的类型

1. 平衡型产品结构规划

这种类型的产品结构规划注重品类之间的平衡，旨在满足不同类型消费者的需求。

(1) 定义与目的

平衡型产品结构规划，也称均衡型产品结构规划，旨在为直播间创建一个全面覆盖不同消费者群体的产品组合。在这种结构下，直播间不会过度依赖单一产品或品类，而是确保每个产品类别下面都有合适的产品，以满足消费者广泛的需求。平衡型产品结构规划有助于提升消费者满意度，因为它主要通过丰富的产品线来满足不同消费者的多元化需求。

(2) 优点分析

平衡型产品结构规划的优点如图6-2所示。

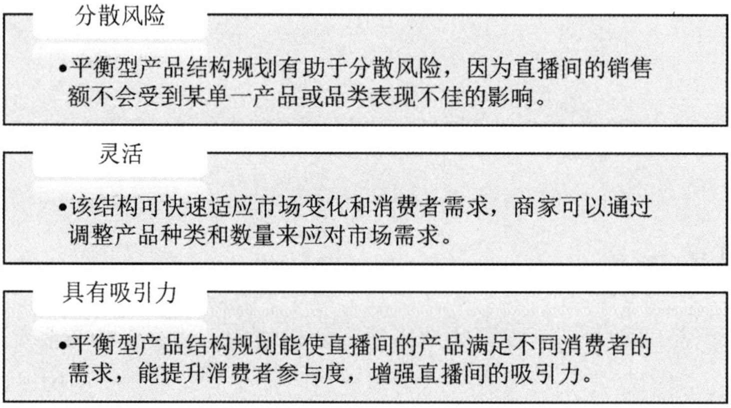

```
┌─────────────────────────────────────────────┐
│ 分散风险                                    │
│ •平衡型产品结构规划有助于分散风险，因为直播间的销售 │
│  额不会受到某单一产品或品类表现不佳的影响。        │
└─────────────────────────────────────────────┘
┌─────────────────────────────────────────────┐
│ 灵活                                        │
│ •该结构可快速适应市场变化和消费者需求，商家可以通过 │
│  调整产品种类和数量来应对市场需求。               │
└─────────────────────────────────────────────┘
┌─────────────────────────────────────────────┐
│ 具有吸引力                                   │
│ •平衡型产品结构规划能使直播间的产品满足不同消费者的 │
│  需求，能提升消费者参与度，增强直播间的吸引力。     │
└─────────────────────────────────────────────┘
```

图6-2 平衡型产品结构规划的优点

(3) 策略实施

在市场和消费者数据分析方面，需要运用数据分析工具来识别消费者的偏好，确保产品结构与市场需求相匹配。

需要提供多样化的产品组合，确保提供不同价格、不同功能的产品，不断丰富产品线。

在库存管理方面，需要采用先进的库存管理系统，以确保产品供应与消费者需求之间达到平衡，避免库存积压或断货。

2. 深度型产品结构规划

深度型产品结构规划专注于某一细分市场或产品类别，为目标消费者提供丰富的选择，在某一特定品类下提供大量备选产品，从而为消费者提供广泛的选择范围。这种结构适用于那些具有明确需求的细分市场。

(1) 定义与目的

深度型产品结构规划注重在特定的产品品类下为消费者提供广泛的选择，使得直播间的产品覆盖从基础到高端的多个产品层级。这种结构适用于目标市场十分明确且需求集中的情况，它能够为消费者提供深层次的满足感和个性化的选择。

(2) 优点分析

深度型产品结构规划的优点如图6-3所示。

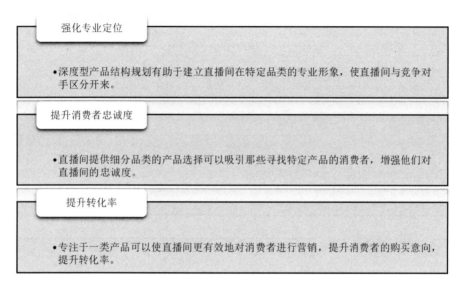

图6-3 深度型产品结构规划的优点

(3) 策略实施

在市场细分定位方面，需要通过市场调研确定目标细分市场的深度需求，并对这一细分市场进行精细化运营。

在产品线延伸方面，需要保证在目标品类内，从入门到专业级别的产品都有涉及，以满足不同层次的消费者的需求。

在营销方面，需要利用互动进行营销，向消费者传达产品的价值和使用技巧，激发消费者的购买动机。

3. 宽度型产品结构规划

宽度型产品结构规划提供多品类产品，覆盖广泛的消费者群体，但每个品类的产品数量较少。这种策略试图通过提供广泛的产品品类来吸引更多消费者。

(1) 定义与目的

宽度型产品结构规划的核心在于跨越多个品类，为消费者提供一系列的产品选择，但每个品类中的SKU数量通常较少。它追求的是品类覆盖的广度而非深度，使直播间能够吸引具有不同需求和兴趣的消费者。宽度型产品结构规划特别适用于那些希望增加曝光度和吸引新粉丝的直播间。

(2) 优点分析

宽度型产品结构规划的优点如图6-4所示。

市场覆盖面广
- 直播间通过提供跨品类的产品，可以覆盖更广泛的市场和消费者群体。

适应性强
- 在不断变化的市场环境中，宽度型产品结构规划能够快速调整产品种类，以适应新的消费趋势。

创造交叉销售机会
- 不同品类的产品之间存在潜在的关联，这为交叉销售和捆绑销售创造了机会。

图6-4 宽度型产品结构规划的优点

(3) 策略实施

在品类选择方面，需要基于市场调研和消费者行为分析，精心选择具有潜力的产品品类进行推广。

在强化品牌形象方面，需要确保每个品类中的产品都能够反映直播间的总体品牌定位和价值主张。

在需求分析方面，需要持续监测消费者反馈的数据，以便及时更新和优化产品品类和结构。

4. 新奇型产品结构规划

新奇型产品结构规划频繁更新产品，提供市场上最新的产品或独家产品，刺激消费者的购买欲望。新奇型产品结构规划专注于不断更新产品种类，引入市场上的最新或最热门的产品。这种产品结构规划试图通过提供新奇的产品来吸引消费者的注意力，并刺激消费者的购买意愿。

(1) 定义与目的

新奇型产品结构规划专注于为市场提供最新或最热门的产品，增加产品的吸引力，为消费者创造独一无二的购物体验。这种产品结构规划在直播中尤其有效，因为它利用了直播的实时性来推广产品，能有效激发消费者的购买欲望，也能提高消费者的参与度。

(2) 优点分析

新奇型产品结构规划的优点如图6-5所示。

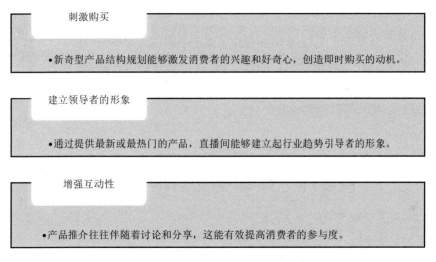

图6-5　新奇型产品结构规划的优点

(3) 策略实施

在趋势研究与预测方面，需要持续追踪市场趋势和消费者兴趣，以快速响应并引入新奇产品。

在供应链协作方面，需要与供应商建立紧密的合作关系，保证能够快速获得最新产品的独家销售权。

在动态宣传计划方面，需要利用多种网络营销工具，提前预热新产品，为消费者创造期待感。

(三) 产品结构规划的策略

在电商直播领域，产品结构规划对于吸引和维持消费者的关注至关重要。合适的产品结构规划可以帮助直播间增强市场竞争力，提升销售业绩，并且建立独特的品牌形象。可以根据直播间的特点，选择合适的产品结构规划类型。

如果直播间的目标消费者较为广泛，且品牌定位在于为消费者提供全面的服务，那么就可以选择平衡型产品结构规划，确保直播间多品类产品均有涉及。

如果直播间专注于某一特定品类产品，拥有相应的专业知识和资源，那么就适宜采用深度型产品结构规划，为消费者提供丰富的产品选择。

当直播间希望吸引更多新客户或者打造综合性购物平台时，就可以选择宽度型产品结构规划，直播间产品涉及多个品类，但每个品类都有适当数量的产品。

如果直播间的竞争优势在于不断推陈出新，那么采用新奇型产品结构规划就更为合适，直播间需要经常更新产品，以吸引追求新鲜感的消费者。

三、任务实践

选择或创造一款新产品，采用新奇型产品结构规划，策划一场直播活动，设计具体的直播环节；通过分析市场数据和社会流行趋势，预测下一个可能的热门新奇产品；模拟新奇产品上市后的市场反应，并根据市场反馈数据调整推广计划。

知识拓展6-2
产品结构规划
案例分析

任务四　直播间的产品定价策略

一、任务导入

经过前一阶段的努力，项目组确定了团队的主播人选，并且完成了直播间的产品结构规划。主播娜娜形象好，气质佳，非常有亲和力。她的家乡盛产葡萄，这些葡萄都是最新研发的品种，不打农药，口感好，在电商平台上销量很可观。为了进一步打开市场，项目组决定加大推广力度，在葡萄园借助抖音平台开展现场直播，帮助农户销售葡萄，也为消费者提供新鲜、口感好的优质葡萄。

那么，项目组应该如何为葡萄定价，才能取得更好的直播效果？有哪些定价策略可供参考？

二、知识准备

产品价格是竞争的重要手段。对于一款产品来说，定价是非常重要的。其实，定价需要遵循科学的策略。常见的定价策略主要有以下几种。

（一）区间定价策略

区间定价策略是一种市场定价手段，指的是为相同或相似的产品设置不同的价格区间，以适应不同细分市场的消费能力与购买愿望。这种策略能够让商家在直播销售中更加灵活地调整价格，以满足更广泛的消费者的需求，同时提升整体的销售绩效。

1. 区间定价策略的原则

在实施区间定价策略时，商家需要考虑以下几个原则。

（1）成本加成原则

确定价格区间时，首要考虑的是成本加成原则。这意味着定价应该在成本的基础上加上一定的利润率。商家需要计算各种成本，包括直接成本（如产品进价、包装费用）、间接成本（如仓储、物流费用）及其他成本（如直播间运营成本、广告推广费用）。加成率应根据市场接受程度、产品独特性、品牌价值等因素来确定。

（2）市场定位原则

产品定价要符合直播商家的市场定位。如果直播间定位为高端市场，那么价格区间应该偏向于中高端，以与品牌形象保持一致。如果直播间定位为性价比市场，则应该设定较低的价格区间。此外，商家还需考虑不同价格区间产品的定位，确保不同层次产品的价格策略相互补充，不会造成市场混乱。

（3）消费者心理原则

消费者的购买决策受消费者的心理影响较大。定价应该考虑心理定价点，比如消费者对整数价格和非整数价格的不同反应。商家可以利用消费者的这些心理特点，采用如9.99元代替10元这样的定价策略，来吸引消费者。此外，在高端市场，消费者对价格的敏感度较低，商家可以适当提高价格以传递高品质信号。

（4）竞争策略原则

商家在设定价格区间时，需要研究和考虑竞争对手的定价行为。如果直播间的产品与竞争对手的产品在性能、品质上相似，那么要想在竞争中取胜，价格就应当具有竞争力。商家可以通过市场调研来确定竞争对手的定价，设定一个能够吸引消费者并保持合理利润的价格区间。

（5）价格弹性原则

价格弹性是指产品需求对价格变动的敏感程度。在确定价格区间时，商家应评估产品的价格弹性。对于价格弹性低的产品，即使价格变化较大，需求量的变化也不会太大，因而商家可以设定较高的价格区间；对于价格弹性高的产品，价格变化可能会对销量产生极大影响，因此商家需要更谨慎地设定价格区间。

（6）顾客感知价值原则

商家应该基于顾客对产品或服务的感知价值来设定价格区间。顾客感知价值涉及产品的品质、品牌、服务、设计等多个方面。价格应该与顾客感知的价值相匹配，过高或过低的价格都有可能导致销售业绩不佳。

2. 区间定价策略的实施步骤

（1）进行市场调研

在确定任何定价策略之前，商家首先需要通过市场调研来收集重要的市场信息，这包括：①消费者分析，即了解目标消费者的收入水平、购买习惯、品牌偏好和价值观，商家可以通过问卷调查、消费者访谈来收集数据；②竞争对手分析，即研究竞争对手的定价策略、产品特性、市场定位以及促销活动，从而获得竞争情报；③成本分析，即详细核算产品的成本结构，包括固定成本和变动成本，确保定价能覆盖成本，并确保自身能获得利润。

（2）确定价格区间

根据市场调研结果，商家可以结合自身成本结构和市场定位，为不同产品设定合适的价格区间。

首先，商家需要分析价格敏感度，基于市场调研，判断目标消费者对价格变化的敏感程度，并据此设定价格区间。其次，商家需要设定价格层级，即创建不同的价格层级，以适应不同消费者的预算和需求。最后，商家在设定价格时需要保持一定的弹性，以便在必要时进行快速调整。

（3）测试和调整

在实际的直播销售中，商家需要测试价格区间的有效性，并根据消费者反馈和销售数据进行调整。一是进行小规模测试，即在特定时段或对特定产品进行价格测试，收集反馈。二是进行数据分析，即利用直播平台的数据分析工具，跟踪和分析不同价格区间产品的销售表现。三是进行价格优化，即根据测试结果和数据分析结果，优化价格区间，例如，如果某个价格区间的产品销量低迷，此时商家可能需要降价或增加产品的价值感，以提升销量。

（4）监控竞争对手的表现

在实施区间定价策略的同时，商家应持续监控竞争对手的表现。这包括定期监控竞争对手的价格变化情况，确保自身价格具有竞争力，如果竞争对手的产品发生了价格变动，或竞争对手举办促销活动，此时商家就需要考虑是否要相应地调整自身产品的价格策略。

（5）持续优化

区间定价不是一成不变的。商家需要不断收集市场信息和销售数据，调整和优化定价策略。一是关注消费者反馈，即密切关注消费者对价格的反馈和建议，如直播间的评论、消费者评价等。二是做好市场趋势跟踪工作，及时洞察消费者的习惯变化等，及时调整价格以适应市场变化。三是对产品定价做出季节性调整，即考虑季节性因素和节假日对消费的影响，适时调整价格策略。

（二）组合定价策略

组合定价策略，也称捆绑销售策略，是指将两种或多种产品或服务捆绑形成"套餐"，以套餐价格销售。这种定价策略的基本思想是通过产品的组合销售，创造出比单个产品销售更吸引人的价值提案。常见的应用包括"买一送一""优惠套餐"等形式。对商家而言，组合定价策略的优势非常明显。它能够帮助商家用适宜的产品组合吸引更多消费者，提高销售额和市场份额，并优化产品结构。

1.组合定价策略的形式

（1）同质产品组合定价

商家将具有相似用途的产品进行组合，并给出定价，这就是同质产品组合定价。这种形式可以细分为混合产品组合定价和单一产品组合定价。

（2）互补式产品组合定价

定价组合中的不同产品在用途上具有互补性，这就是互补式产品组合定价。例如，在餐饮商家的直播间，商家将不同菜品组合，作为套餐进行定价；在旅行社的直播间，商家也可以对整个旅行线路进行定价。

2.组合定价策划的实施条件

（1）组合定价产品之间具有互补性

组合定价产品最好是互补性的产品。这种互补性不仅指产品之间的功能性互补，而且包括组合定价的产品在消费者心目中经常被联系在一起或可以被联系在一起。具有互补性的不同产品被组合在一起销售，使得消费者综合地而不是单独地衡量它们的功能，或者将它们作为一个整体来衡量购买成本。

（2）组合定价产品的目标消费者具有重叠性

组合定价产品的目标市场应有较大的重叠性。只有这样才能保证组合中的两种或几种产品都是目标消费者所需要的。如果组合定价的不同产品的目标消费者是不同的，销售者对组合定价产品的需求也会大打折扣。

（3）组合定价产品的市场定位具有同一性

在对产品实施组合定价策略时，商家需要确定不同产品的市场定位至少是相同或者相近的，否则，组合定价策略就难以获得成功。

（三）花式定价策略

1.花式价格策略的概念

相对于"买一送一""买二送一"这种传统的组合定价策略，在直播带货中，商家经常使用花式价格策略，这种策略也叫"阶梯策略"。

阶梯策略适用于食品和快消品。例如，某产品在线下门店价格为68元，在直播间第一件38元，第二件28元，第三件18元，第四件0元。在这种阶梯策略下，主播往往会建议消费者直接购买4件，因为很明显消费者直接购买4件是最划算的。

花式价格策略能为消费者制造强烈的心理冲击，刺激消费者的购买欲望，引导消费者下单，使商家达到提高销量的目的。需要注意的是，主播的引导话语一定要清晰简明，在下单链接里注明建议拍几件。

2.花式定价策略的优势

花式定价策略的优势在于，它可以帮助商家在短时间内提高销量，降低库存量，迅速占据较大的市场份额。例如，对于有1岁左右婴儿的家庭来说，纸尿裤和辅食的消耗是非常快的，商家就可以针对这类产品采用花式定价策略，引导消费者一次购买多件产品，既能提高销量，又能为消费者提供方便。

3.应用花式定价策略需要注意的内容

对于采用花式定价策略的产品，主播一定要做好引导，即在讲解中突出这款或这组产品的价格优势。例如，一款辅食原价42元，直播间价格为第一件39.9元，第二件

29.9元，第三件19.9元，第四件0元。主播在直播的时候，可以利用小黑板，将4件产品的原价算出来，使其与直播间的价格形成鲜明的对比，对消费者形成强烈的冲击力，刺激消费者的购买欲。对于新进入直播间的消费者，主播需要定时重复价格优惠条件，引导消费者做出购买行为。

三、任务实践

观看3场直播，分析这些直播间针对不同产品采用了哪些定价策略，将表6-2填写完整。

表6-2 直播间的定价策略

序号	直播平台	直播间名称	定价策略	对应产品	品类
1					
2					
3					

项目实训

◇ **实训背景**

XYZ美妆公司（简称XYZ）成立于2008年，总部位于中国杭州，是一家专注于研发和销售天然成分护肤品和彩妆的企业。公司以"自然、纯净、美丽"为品牌理念，致力于为消费者提供安全、有效的产品。经过多年的发展，XYZ在国际市场上获得了良好的口碑，并在美国、加拿大，以及欧洲和亚洲的几个国家设有分支机构。XYZ的产品线涵盖了从基础护肤到专业化妆的全系列产品，包括面部清洁、防晒、彩妆等。所有产品均采用高品质天然成分，不添加化学香精和防腐剂，特别适合对化学成分敏感的消费者使用。公司有自己的研发中心，会根据市场需求和科技进步定期推出新产品。

XYZ定位于中高端市场，主要面向追求健康生活、注重品质的25—40岁女性消费群体。其产品价格略高于普通美妆品牌，但凭借其卓越的产品品质和品牌形象，XYZ成功吸引了一大批忠实的消费者。公司注重品牌建设，通过高端杂志广告、城市户外广告、时尚秀场合作等渠道进行宣传推广。XYZ的销售渠道包括线下实体专柜、官方网站、各大电商平台以及社交媒体。公司与多家高端百货公司合作，在全球多个城市设有专柜。随着电商的发展，XYZ也在京东、天猫等大型电商平台开设了官方旗舰店，并利用社交媒体进行互动营销，与消费者建立更紧密的联系。

面对激烈的市场竞争，XYZ坚持差异化竞争策略，通过提供独特的产品配方和个性化服务在竞争中脱颖而出。同时，公司也注重可持续发展，产品包装采用环保材料，积极参与社会责任项目，增强品牌的社会责任感，获得了消费者的认同和支持。

随着直播电商的兴起，XYZ意识到这是一个接触更多年轻消费者、增强品牌互动体验的绝佳机会。因此，公司计划投入资源建立直播团队，并在各大直播平台建设官方直播间。直播内容不仅包括产品展示和促销活动，而且有彩妆教程、护肤知识分享、明星嘉宾合作等多元化内容。

◇ **实训要求**

（1）根据XYZ提供的产品列表（见表6-3），研究和分析目标市场，确定适合直播销售的产品类型。

表6-3 XYZ的产品列表

产品系列	产品名称	产品系列	产品名称
护肤系列	天然玫瑰水保湿喷雾	男士护理系列	摩洛哥坚果油滋养发膜
	维C亮肤精华		植物精华防脱发洗发水

续表

产品系列	产品名称	产品系列	产品名称
护肤系列	海藻提取物深层清洁面膜	男士护理系列	纳米修复护发素
	橄榄油滋养日霜		天然定型喷雾
	茶树精油控痘夜霜		丝质光泽发油
	玻尿酸保湿眼霜	儿童护理系列	儿童天然防晒露
	黄瓜提取物舒缓爽肤水		婴儿温和洗发沐浴二合一
	蜂蜜抗氧化面部磨砂膏		儿童无泪配方洗发露
	胶原蛋白紧致肌肤精华液		儿童保湿润肤乳
	紫草修复护手霜		婴儿舒敏护臀膏
彩妆系列	矿物质自然遮瑕蜜粉	旅行套装系列	旅行必备护肤套装
	芦荟萃取液态眼线笔		轻便型彩妆组合
	柔滑丝绸唇彩		男士出差护理礼盒
	果香系列唇膏套装		夏季度假防晒套装
	海洋色调眼影盘		冬季滋养保湿套装
	持久定型眉笔	男士护理系列	男士能量洁面乳
	全天候控油散粉		男士控油保湿爽肤水
	水润亮泽腮红		男士活力护肤霜
抗衰老系列	三合一面霜		蓄须前清洁泡沫
	抗皱精华		修护舒爽剃须膏
	金缕梅紧致提拉精华	特别护理系列	修护喷雾
	黄金胶原眼膜		抗蓝光防晒喷雾
	蜗牛液复原夜霜		身体嫩肤磨砂盐
	肌底修护原液		脚部角质软化霜
	紧肤亮肤面部按摩器		红石榴紧致颈霜
	修护精华		蜗牛液复和手霜

(2) 评估产品的潜在市场需求、成本结构、竞争力和利润潜力。

(3) 学习并运用不同的定价策略,制订契合市场和产品特性的定价计划。

(4) 模拟直播场景，演练如何应用选品与定价策略。

(5) 撰写一份详细的直播选品与定价策略报告，并对策略的有效性进行评估。

◇ 操作提示

(1) 选品阶段

一是进行市场调研。利用工具，如谷歌趋势（Google Trends）来确定热门话题和产品，分析消费者潜在的购买行为和偏好，将表6-4填写完整。

表6-4 市场调研的内容

产品名称				
热点一				
热点二				
购买行为				
购买偏好				

二是进行产品筛选。制作产品清单，基于表6-5中的标准对产品进行筛选。

表6-5 产品筛选依据的标准

产品类别				
与直播主题的相关性				
消费者对产品的需求度				
产品的视觉吸引力				
产品演示的可行性				

三是进行供应链和库存评估，评估内容包括产品供应商的可靠性、产品库存情况，确保所选产品可以在直播后快速发货，确认产品演示脚本，为每一件产品制作一个简短的销售脚本，突出产品特点和消费者可能获得的价值，准备常见问题的答案，以便主播在互动时及时回答消费者的提问。

(2) 定价阶段

一是进行成本计算，明确每件产品的单位成本，包括制造、运输、包装和直播成本；确定最低销售价格，确保该价格能覆盖所有成本并确保利润。

二是进行竞品价格调查。调研同类产品在各个销售渠道（如其他直播电商平台、线下门店）的定价，了解消费者对于此类产品价格的一般预期。

三是选择适宜的产品定价策略。这里可以考虑使用心理定价，如将价格定为99元，而不是100元。

（3）模拟直播阶段

创建直播间，确保技术设备（如摄像头、麦克风、补光灯）正常工作。安排一次演练，以确保主播熟悉直播流程和产品知识。

直播时，详细记录销售数据，包括观看人数、点赞数、评论数、转化率等。使用直播平台提供的分析工具来跟踪这些指标。

使用聊天和评论功能，收集消费者对产品的即时反馈。直播结束后，通过问卷调查或邮件来收集更详细的消费者反馈。

基于销售数据和消费者反馈，评估定价策略的效果。

本项目学习效果测评

知识测评		
知识点	评价指标	自评结果
选品及品控	选品策略	□A+ □A □B □C □C−
选品及品控	品控策略	□A+ □A □B □C □C−
产品结构规划	定义	□A+ □A □B □C □C−
产品结构规划	类型	□A+ □A □B □C □C−
产品结构规划	策略	□A+ □A □B □C □C−
产品定价	区间定价	□A+ □A □B □C □C−
产品定价	组合定价	□A+ □A □B □C □C−
产品定价	花式定价	□A+ □A □B □C □C−
能力测评		
技能点	评价指标	自评结果
直播间选品	选品	□A+ □A □B □C □C−
合理规划直播间产品结构	产品结构	□A+ □A □B □C □C−
直播间产品定价	定价	□A+ □A □B □C □C−

续表

素养测评		
素养点	评价指标	自评结果
思政素养	职业道德要求	□A+　□A　□B　□C　□C−
	法律法规要求	□A+　□A　□B　□C　□C−
薄弱项记录		
我掌握得不太牢固的知识		
我还没有掌握的技能		
我想提升的素养		
教师签字		

项目七　直播电商活动实施

学习目标

◇ **知识目标**

(1) 了解直播运营的工作流程。
(2) 熟悉直播间预热引流的常见形式。
(3) 掌握直播间互动的方法和技巧。
(4) 熟悉直播间进行广告投放的技巧。
(5) 掌握直播间常见的客服话术技巧。

◇ **能力目标**

(1) 按照工作流程有序完成直播间预热引流、直播互动、广告投放和粉丝运维等工作。
(2) 能够通过直播间预热引流，引导粉丝关注直播间和产品，并结合引流实际效果进行合理的产品规划。
(3) 能够通过合适的直播互动，营造轻松愉悦的氛围，引导粉丝关注直播间，延长粉丝在直播间的停留时间，提高直播间人气和转化率。
(4) 能够根据不同直播平台的广告投放机制，选择适合直播间的广告投放时间和方式，达到预期的直播效果。
(5) 能够通过服务技巧，引导粉丝关注直播间和做出购买行为，提高直播转化率、客单价和GMV等。

◇ **素养目标**

(1) 引导学生在从事直播相关工作时具备爱岗敬业、遵纪守法、诚实守信、恪尽职守、勇于创新的精神。
(2) 引导学生培养用户思维、流量思维、产品思维、大数据思维等运营思维。
(3) 引导学生遵守法律法规、公序良俗、商业道德，坚持正确导向，弘扬社会主义核心价值观，营造良好的网络生态。

（4）引导学生保持对直播行业的热情，提升工作效率，强化时间观念，及时回复消费者提出的疑问，提高沟通和协调能力。

工作场景与要求

教师任命小张为运营主管，负责直播间的整体运营。小张接到任务后，迅速和项目组其他成员一起投入工作。项目组成员一致认为，直播活动要围绕预期目标展开，涉及直播间的预热引流、直播间的互动技巧、广告投放，以及粉丝维护。每个环节的工作内容安排要有节点、有目标，这样才有可能达到预期的效果。

任务一　直播间预热引流

一、任务导入

项目组成员在项目推进会上展开了激烈的讨论。根据项目组当前在抖音开通的直播间的粉丝数和产品销售情况，大家确定了直播目标：新增粉丝数300人，加粉丝团80人，销售额5000元，直播间平均停留时长60秒。

那么，在抖音直播间进行预热引流，常见的形式有哪些？不同引流方式的使用场景和差异体现在哪些地方？

二、知识准备

直播带货的曝光量和转化率不仅取决于主播或商家的直播过程和直播内容，而且取决于直播开始前的预热引流。通过引流获得的粉丝数量以及客群的精准程度，对提升直播间的人气和转化率具有决定作用。

直播间预热引流，从形式上看，主要形式有图文引流和短视频引流。图文引流指通过图片和文字形式发布直播预热信息，短视频引流指以短视频形式发布预热信息。

参照不同的引流渠道，可以将直播间预热引流分为站内引流和站外引流。站内引流指在直播平台上发布预热信息，包括发布直播预告、产品宣传文案、预热短视频等。站外引流主要指通过主流新媒体平台，如微信公众号推文、微博博文、小红书分享、今日头条分享等，对直播相关信息进行传播，吸引更多消费者关注直播间，并参与直播活动。

（一）站内引流

站内引流主要是指在直播平台内的引流，引流的人群对象为当前平台的用户。由于运营机制的差异，直播平台的引流方式会有所不同。

在淘宝直播，商家主要通过店铺收藏、订阅等渠道精准引导用户访问直播间，或通过占据直播广场的热度排名而吸引更多用户进入直播间。

在抖音直播和快手直播，商家主要以短视频引流为主，直播间要在开播前1—3天发布多条短视频，为直播预热。

在微信直播，商家主要通过朋友圈、公众号、视频号等方式为直播引入私域和公域流量。

图7-1、图7-2、图7-3分别为商家在淘宝直播、抖音直播、微信直播引流。

图7-1　商家在淘宝直播通过预告引流

图7-2　商家在抖音直播通过短视频引流

图7-3　商家在微信直播通过预告引流

整体来看，站内引流的方式主要有发布直播预告、设置直播封面图和直播标题、发放预告/裂变红包、发布预热短视频等。

1. 发布直播预告

发布直播预告时，商家一般要说明直播标题、开播时间、直播封面，同时预告福利机制和产品清单等。

以抖音的直播预告工具"巨量百应"为例（见图7-4），开播前，商家可以配置开播时间、宣传图片和产品清单，发布直播预告，引导消费者在抖音搜索店铺或主播，或引导消费者访问店铺页面，提前了解直播信息或者把直播预告分享到社交媒体。直播开始前，抖音会为消费者发送手机短信，凡是在店铺或主播页面点击过"预约直播"，或者在预告页面点击过"想买"的消费者，都会收到短信。这能为直播间"召回"粉丝，为直播间引流。

图7-4 在抖音直播预告工具"巨量百应"上添加直播预告

2. 设置直播封面图和直播标题

除发布直播预告外，商家还可以设置直播封面图和直播标题。适宜的直播封面图和直播标题会对直播间流量产生重要的影响。

直播封面图在设计上要做到简洁、美观、清晰，构图合理，视觉效果好。直播标题需要简短有力，主题突出，与直播主题或产品相关。表7-1中是常见的直播标题设置技巧和范例。

表7-1 常见的直播标题设置技巧和范例

常见的直播标题设置技巧	范例
引出利益点	"新粉下单送围巾" "限量福利年货开抢"
借势热点	"超值年货节，全场一折起" "国风爆款"
巧用数字	"来直播间抢1元秒杀" "新店，先亏1000单"
逆向思维	"有一点贵，但买了不后悔"

3. 发放预告/裂变红包

商家可以将直播预告和红包关联起来，消费者通过分享能使红包金额膨胀。这一举措能够吸引更多消费者预约观看直播，他们会自发地分享直播红包，为商家创造更多的流量获取方式，强化直播间的引流效率。

商家可以在发布直播预告之后，设置多种红包分享裂变档位，消费者完成分享任务后，红包金额即可膨胀（见图7-5）。这一举措能吸引更多的潜在消费者预约观看直播，为直播间精准引流。商家还可以同时设置直播间分享裂变红包任务，消费者在直播开始后为亲朋好友分享直播间，能吸引更多消费者来观看直播，提升直播间的人气和转化率。

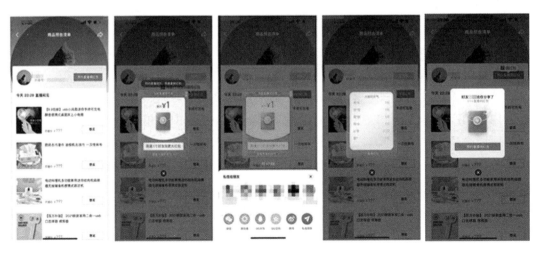

图7-5 预告/裂变红包

4. 发布预热短视频

商家可以在直播平台投放短视频，吸引消费者进入直播间。一般可以在开播前1—2天发布预热短视频；对于重要的专场直播，也可以在开播前3—5天发布预热短视频。在开播当天，或者直播结束后，商家依然可以发布切片视频，持续为直播间积累人气。

商家需要结合直播时长确定预热短视频的发布数量。一般直播时长为2小时左右的，可以发布4—5个预热短视频；直播时长为4—8小时的，可以发布8—10个预热短视频；直播时长为8小时以上的，可以发布10—15个预热短视频，甚至更多。预热短视频数量的多少既和直播时长有关，也和直播产品的品类、数量有关，如果某场直播单品较多，那么商家就可以适当增加预热短视频的数量。

平时，商家可以发布剧情化、人设化的短视频内容，来建立品牌形象，输出品牌价值，以实现粉丝积累目标。日常视频的发布要按期进行，保持一定的输出频率。在直播前的预热期，视频内容以介绍单场爆款产品、限量发布新品、优惠福利等为主要内容。通过短视频输出，商家可以引导粉丝关注直播间，促成转化。直播进行中，商家可以切片视频的形式，呈现直播中的精彩片段，重点突出产品的讲解和利益的传达。直播结束后，商家可能会更新产品，同时也要下架或删除相关视频，避免出现消费者找不到视频中介绍的产品的问题。直播结束后，商家可以用短视频展示直播的业绩成果，表达对粉丝的感谢，也可以预告下一场直播的看点等。

此外，商家还可以在店铺主页发布开播信息，引导粉丝关注直播间，提高预热引流的效果。消费者可以在店铺主页进入直播动态栏，看到已经发布的直播预告，并标记"想看"进行预约。同时，商家可以通过短视频预告贴纸[①]发布直播预告，粉丝在浏览短视频时直接查看产品预告，预约观看直播。这些都是站内引流的有效方式。

（二）站外引流

站外引流是通过直播平台以外的第三方平台分享直播时间、直播主题、直播福利、直播内容和产品等信息，以达到对直播活动进行预热引流目的的方式。站外引流主要有以下两种途径。

一是图文引流，即通过微信、微博、今日头条等新媒体平台发布推文，在小红书发布笔记，在知乎、百度发布图文信息等。

二是短视频引流，即在抖音、快手、微信视频号、今日头条、火山视频、B站、微博、小红书等平台发布预热短视频进行引流。

---

① 短视频预告贴纸能使商家在发布视频的同时预告直播时间，如果消费者点击了贴纸上的"想看"按钮，无论是否是直播间的粉丝，其都会收到直播间的开播提醒与通知。

三、任务实践

抖音平台上的店铺"喜三朴旗舰店"于 2024 年 1 月 6 日 8：59 分开播，直播时间大于 4 小时。直播间于 2024 年 1 月 5 日发布 5 个预热短视频。短视频发布记录如图 7-6 所示。

视频名称	发布时间	点赞数	评论数	转发数
喜欢吃南瓜的一定要选对地方#… 43秒	01/05 16:40	13	0	1
你买到的贝贝南瓜是我这样的… 39秒	01/05 14:40	5	1	2
正宗的贝贝南瓜的味道总是让… 18秒	01/05 12:35	8	0	2
现在发的贝贝南瓜都是这样的… 30秒	01/05 10:35	5	0	2
为什么你总是买不到这样的贝…	01/05 08:35	3	0	2

图 7-5 "喜三朴旗舰店"投放的直播预热短视频

请同学们打开店铺主页，查阅图 7-6 中的 5 个预热短视频，分析这些短视频的发布数量、发布时间、主题内容、互动效果等，并给出相应的优化建议。

任务二 直播互动技巧

一、任务导入

小张所在的项目组为 A 县特产年糕设计了"某年糕作坊"的名称，在抖音平台开通了账号，并在平台开展了多场直播活动。从近 10 天的直播记录来看，每场平均观看人数约1300人,直播穿透率[①]为10%—15%。从近期的直播数据来看,直播间人气欠佳,特别是互动效果有待优化,粉丝的活跃度有待提升。

请问,在直播间,商家可以通过哪些技巧加强与粉丝的互动呢?

二、知识准备

直播间开播后,进入直播间的消费者数量,平均停留时长,直播间的点赞量、评论量、转化率等,都与消费者和直播间的互动效果密切相关。直播间互动的技巧包括设置屏蔽词、设置直播贴片、发放福袋、派发红包、推送优惠券、抽奖、设置刷屏口令、直播连麦等。消费者对于直播间互动指令的响应程度越高,消费者的互动反馈与直播主题或直播产品的相关性越高,平台给予直播间的精准流量支持就越多,越有利于在直播间营造良好的氛围。

(一)设置屏蔽词

对于很多直播平台而言,为了维护良好的互动效果,也为了保证评论区内容质量,设置屏蔽词已成为一项重要的功能。屏蔽词可以有效过滤不适宜的、不健康或违规的言论,以确保直播间的消费者和主播都能享受良好的直播秩序和愉快的直播体验。同时,商家也可以设置一些个性化的屏蔽词,以引导消费者与主播有效互动。

知识拓展7-1
直播弹幕屏蔽词的设置

屏蔽词也称敏感词,包括常用屏蔽词和动态屏蔽词。针对不同的产品和活动,商家需要提前了解屏蔽词内容,灵活调整,结合屏蔽词做气氛引导;不要轻易拉黑粉丝,优先进行屏蔽词信息过滤,掌控互动和评论的整体气氛。设置屏蔽词可以帮助商家清除不良反馈,避免过量信息的干扰,同时放大正面反馈,提高消费者的下单欲望。

商家可以在各直播平台的后台设置屏蔽词。直播平台不同,可以设置的屏蔽词数量也不同。以淘宝直播为例,一个商家一次最多能设置30个屏蔽词,且每个屏蔽词的长度为2—7个字符,商家输入的字符必须是中文、英文或数字。若商家设置的屏蔽词超出30个,则全部设置不成功,此时商家需要手动删除多余的屏蔽词。以抖音平台为例,商家可以在抖音直播间的右下角点击"我",再点击页面右上角的三条横线标志,进入"抖音创作者中心"完成屏蔽词的设置。

---

① 直播穿透率是指观看直播的人数与直播曝光量之比,通常以百分比表示。直播穿透率越高,说明私域流量的运营效果越好,直播前半程的流量成本也会降低。

（二）设置直播贴片

在各类直播平台，商家可以提前准备产品和活动的相关介绍，将它们以贴片的形式推送到直播间，便于主播在直播过程中持续为消费者展示重要信息。如图7-7所示，商家可以在直播间"装修市场"模块完成贴片设置。贴片中包括产品信息、营销信息、主播信息，以及其他自定义信息等。图7-8中的直播贴片位于页面最左侧和最右侧，包括满减信息和尺码推荐。

（三）发放福袋

福袋是直播间的主播与粉丝互动的工具之一。主播通过发起福袋邀请直播间的消费者参与互动，系统会在满足条件的消费者中随机挑选中奖者，以提升直播间的互动活跃度，帮助主播积累人气，提升带货效率。主播可以通过发放福袋引导消费者完成一些互动任务，如满足观看直播时长要求、发送指定口令的消费者才有资格参与福袋抽奖，这能提升直播间的留存率和互动率。在图7-9中，消费者通过发表评论获得福袋抽奖资格。

图7-7　直播贴片的设置　　　　图7-8　直播贴片

图7-9 直播间福袋发放

（四）派发红包、推送优惠券、抽奖

主播在直播过程中，可以通过各类营销活动来加强直播间的互动效果，如派发红包、推送优惠券（见图7-10）、抽奖、推送满减优惠信息、举办买赠活动、给出限时折扣等。主播在直播间派发红包时，抢到红包的消费者不仅可以获得主播送出的礼品，而且能够增加自己在直播间的曝光率。优惠券、满减、买赠和限时折扣等营销活动可以促成直播间成交。抽奖包括开播抽奖、互动抽奖、整点抽奖、结束抽奖等方式，能提高粉丝的留存率和互动率。

图7-10 直播间派发红包、推送优惠券

(五) 设置刷屏口令

主播在直播过程中,可以通过口播引导消费者在直播间的公屏上形成有效的刷屏。刷屏口令能有效提高消费者对主播口播指令的响应程度。刷屏口令的内容包括消费者围绕产品的相关讨论、围绕店铺营销活动的反馈、围绕产品使用的场景和评价的反馈等。主播可以通过不同的互动形式,如提问式互动、选择式互动、刷屏式互动,围绕直播间活动或产品的亮点来设置刷屏口令。以售卖蜜薯和烟薯的直播间为例,常见的刷屏口令话术如表7-2所示。

表7-2 常见的刷屏口令话术

互动方式	无效话术	有效话术
提问式互动	"有没有喜欢我家烟薯和蜜薯的宝宝?有喜欢的宝宝给我打个1,马上主播根据大家的报名上库存了。"	"喜欢我家蜜薯的宝宝们在公屏上扣1,马上主播为大家私发专属福利。拍5斤送2斤,到手7斤哦!"
选择式互动	"喜欢我家蜜薯的宝宝扣1,喜欢烟薯的宝宝扣2,让主播看看你们喜欢哪一个。"	"喜欢我家蜜薯的宝宝扣1,喜欢烟薯的宝宝扣2。今天咱们上的是福利品,所以大家想要多少,主播就给大家上多少库存哦!"
刷屏式互动	"点击左上角领福袋。"	"杂粮手工年糕年货节。"

(六)直播连麦

直播连麦,也称直播连线,是当前比较流行的互动方式。主播通过连麦,可以获取对方直播间的人气,活跃直播间的氛围,增强直播间互动效果,也可以为优质的商家带来更多的销售机会。直播连麦特别适用于自身流量较少的主播。

直播连麦一般有两种方式:连麦PK和连麦讨论。

1. 连麦PK

连麦PK一般指主播开播后,选择另一个和自己流量相当的主播发起连麦。连麦过程中,双方可以设置惩罚机制,人气低的一方在PK结束后将会受到一定的惩罚。在抖音直播,平台为连麦PK设置了门槛,不同商家需要在商家等级、店铺动态评分、粉丝数量方面满足一定的要求,才能发起连麦。当直播间满足了PK条件后,主播可以发起连麦对战,选择对战方式后即可开启连麦。连麦PK期间,商家可以上架自己的产品进行销售。连麦PK结束后,主播可以继续保持连麦状态,持续和粉丝互动,主播可以为对方的粉丝提供一定的福利,引导对方粉丝关注主播,加入粉丝团。

2. 连麦讨论

连麦讨论一般是主播与粉丝之间的连麦,主播可以与粉丝互动,为粉丝答疑解惑,扮演客服的角色,以提高粉丝对主播和产品的满意度和忠诚度。连麦讨论可以一对一,也可以一对多地展开。主播可以同时与一名或多名粉丝展开讨论,这种方式也称圆桌模式。在圆桌模式中,主播与多名粉丝围绕某些热门话题展开讨论,以提高直播间的内容输出质量。连麦讨论不是单纯的主播与粉丝之间的讨论，而是提升直播间曝光量、促成直播间裂变引流的可靠方式，同时也是提升粉丝体验感的重要方式。

三、任务实践

"某年糕作坊"计划于2024年1月18日，即农历腊八节当天在抖音平台开启直播带货活动。活动的主题是"年味腊八，香糯年糕带回家"。请你为本场直播策划合适的互动内容，说明在具体时间节点开展的具体活动。

任务三　直播广告投放

一、任务导入

经过几场直播，"某年糕作坊"在抖音平台积攒了超过2800名粉丝，单场直播销售额突破1500元。直播帮助商家实现了一定的涨粉和成交目标。为了帮助商家获得更大的产品市场，提高产品的知名度，小张所在的项目组准备为商家投放广告，进行产品和品牌推广。

那么，可以通过哪些方式完成直播广告投放呢？除了抖音，其他直播平台主流的广告投放方式有哪些？

二、知识准备

直播广告投放是直播间有效进行推广的重要方式，它是除直播平台给予的自然流量外最重要的也是最精准的付费获取流量的方式。直播广告投放可以帮助直播间在短时间内吸引目标受众的关注，增加直播间和产品的展现量和点击量，促成直播间产品的转化和支付，帮助直播间达到GMV提升的目标。同时，优质的直播广告投放还能优化直播和短视频的输出内容。

在直播广告投放中，需要注意以下几点。一是广告投放的目标和主题要明确。在准备投放广告时，商家需要明确广告投放的目标和主题，是品牌知名度的提升、产品的推广，还是营销活动的宣传。根据不同的广告投放目标，商家可以选择合适的广告形式、广告创意内容和定向投流方式。二是准备投放的广告内容要优质且丰富。优质且丰富的广告内容能为直播间吸引人气，提升直播间消费者的黏性。三是要选择合适的推广方式。不同直播平台提供的广告投放方式是不同的。在淘宝直播、抖音直播、快手直播、小红书直播、多多直播等主流直播平台，直播广告投放的形式一般有开屏广告、信息流广告、搜索广告等。四是直播广告投放的目标消费者、时间段和预算要合理。商家需要根据不同的目标消费者和产品特点，选择合适的投放时间，在合适的预算范围内投放广告，以保证最佳的直播间转化率。

（一）淘宝直播广告投放

淘宝直播广告投放具有三大作用。一是快速引入流量。直播间遇到流量瓶颈时，可以通过广告投放快速获取流量供给。二是拓展人气资产。如果直播间用户画像与商家的期望不匹配，商家可以通过广告投放对此进行调整。直播间如果需要引入更精准的流量，可以通过达摩盘[①]灵活进行用户标签组合，将结果同步到超级直播后台，然后进行直播广告投放。三是回流优质人群。直播间在经营了一段时间后，可以累积一定规模的粉丝，此时商家可以通过达摩盘圈选人群或进行广告投放，回流优质人群，促成成交和转化。

淘宝直播广告投放涉及以下四大工具：淘宝直通车、淘宝钻展、超级直播和超级互动城。

1. 淘宝直通车

淘宝直通车是淘宝旗下的一款精准营销推广工具。商家依托搜索引擎和站内推广等渠道，将产品广告展示给潜在消费者，提高产品的曝光量，以打造爆款产品。淘宝直通车可以直接帮助商家推广直播间。在淘宝直通车，商家有"直播推广"和"直播推广始终投放"两种选择。"直播推广"的推广时间是直播间的直播时间段，适用于需要吸引大量粉丝、精准积累粉丝的商家。"直播推广始终投放"的推广时间是直播中和直播结束后。直播结束后，直播详情页会出现"回放"按钮，消费者可以查看直播片段。

2. 淘宝钻展

淘宝钻展的全称是淘宝钻石展位。这是一种类似淘宝直通车的付费推广模式，相比淘宝直通车，淘宝钻展有更加优质的资源位的流量投放。淘宝钻展是一种"展现付费"的推广工具，遵循严格的竞价逻辑，以竞价排名的方式对商家的产品信息进行排位。商家往往在有品牌传播需求或店铺促销活动的时候选择淘宝钻展。淘宝钻展按照展现量进行收费，展现量越大，收取的费用越多，不展现则不收费。

---

① 达摩盘是阿里妈妈基于商业化营销场景打造的人群精细化运营定向中台，涵盖消费行为、兴趣偏好、地理位置等海量数据标签，为商家提供个性化人群圈选，识别店铺高价值人群，以满足商家的个性化精准营销需求。

3. 超级直播和超级互动城

超级直播是助力直播间快速提升观看人数和互动人数，并促进转化的直播推广工具。超级互动城是利用天猫农场、金币庄园、省钱消消消等互动场景，引导消费者与品牌进行深度互动的营销场景。不同于淘宝直通车、淘宝钻展等传统的直播推广工具，超级互动城更注重与消费者之间的互动。

商家可以在淘宝直播中控台选择超级直播或超级互动城进行直播广告投放（见图7-11）。两者在投放场景、投放资源位及数据维度等方面均有差异。

图7-11 超级直播和超级互动城

（二）抖音直播广告投放

抖音直播平台为商家提供了丰富的广告类型，覆盖消费者各类生活场景，旨在占据消费者的碎片时间。商家在抖音平台进行广告投放，可以通过标签和智能数据分析，精准触达海量日活跃用户。

抖音平台的主流广告类型有开屏广告、信息流广告、搜索广告、DOU＋、企业号等。

1. 开屏广告

开屏广告（见图7-12）是广告信息在抖音App开屏时展现，其视觉冲击力强，品牌曝光量大。开屏广告可以以静态图片、动态图片、视频、TopView、TopLive五种形式展现。当消费者打开抖音App时，会在开屏位置看到时长3秒的静态图片、时长4秒的动态图片，或者时长5秒的视频，这些能有效实现品牌展示及落地页跳转。当消费者打开抖音App时，前3秒为全屏视频展示，第4秒开始出现信息流广告，后面还有时长10—

60秒的视频，这就是开屏TopView广告。当消费者打开抖音App时，前3秒为全屏视频展示，此时消费者点击按钮直达直播间，这就是开屏TopLive广告。

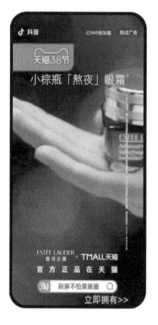

图7-12　开屏广告

2. 信息流广告

信息流广告是抖音的一种广告类型。这类广告可以在抖音App的信息流中展示，与消费者互动，实现品牌曝光和转化。信息流广告有多种计费方式，支持精准触达感兴趣的人群。

3. 搜索广告

消费者在抖音搜索内容，命中关键词后，搜索结果中会出现推广信息。搜索广告（见图7-13）支持品牌推广、App推广、产品推广等。搜索广告一般以品牌专区广告、搜索彩蛋、抖音热榜、竞价广告、精准广告五种形式展现。消费者在抖音搜索，命中广告主设置的品牌词后，抖音首位会展示品牌专项信息，自动播放品牌视频，这就是品牌专区广告。如果搜索结果弹出全屏动画，具有较强的趣味性，吸引消费者的注意力，消费者点击彩蛋，就可以进入落地页，这就是搜索彩蛋。抖音热榜展示了抖音上最受关注的最新和最热门的话题，涵盖多个领域，如音乐、美食、旅游、生活、时尚等，商家可以在抖音热榜投放广告。在抖音搜索结果页面，会出现少数竞价广告。当消费者在抖音搜索某App的名称时，结果页面会出现该App的下载按钮；当消费者搜索特定品牌词时，结果页面会出现品牌广告。这些都属于精准广告。

4. DOU+

DOU+（见图7-14）是抖音内容加热和营销推广工具，助力提升视频播放量、互动量与直播间热度。DOU+的应用场景有以下三个：视频加热、直播加热和广告推广。DOU+能有效提升视频播放量和热度，吸引更多对视频感兴趣的用户参与互动。DOU+能提升直播间的热度和曝光度，为直播间带来更多优质用户，能帮助直播间完成人气值积累、涨粉、互动、打赏等多种目标。DOU+还能支持商家的营销推广需求，支持店铺引流、产品引流、私信咨询、点赞、评论等多种功能。

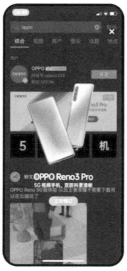

图7-13 搜索广告

图7-14 抖音DOU+

5. 企业号

商家可以在抖音开通企业号，实现建立品牌、推广产品、找到潜在消费者和促成转化四个目标。商家能为企业申请蓝V标识，增强品牌的权威性，建立用户信任感。商家企业号的账号昵称是唯一的，不同商家之间不会出现账号昵称重复的现象。企业号能够面向海量消费者真实展示产品和服务，商家只需要上传视频素材，即可完成智能剪辑。企业号具有粉丝标签管理和私信管理功能，商家可以设置自动回复。同时，企业号能提供用户画像，让商家的品牌和产品运营更有针对性。拥有企业号的商家可以享受企业直播特权，为消费者发放优惠券，消费者可以通过企业号中的网址或电话直接与商家进行联系。商家可以在抖音企业号官方账号"企业号小助手"（见图7-15）中查询企业号的基本功能。

图7-15　企业号小助手

（三）小红书直播广告投放

小红书可以通过开屏广告和信息流广告等，增强直播内容和产品的曝光度，加深消费者对品牌和产品的印象；通过分享笔记、贴纸等多元有趣的形式，激发用户的互动兴趣；通过信息流、品牌、话题、落地页等的搜索，深度搜寻目标客群。在广告投放过程中，小红书以IDEA数据平台作为营销工具和数据资产，为品牌提供营销洞察服务。图7-16中是小红书开屏广告、惊喜盒子、搜索彩蛋、IDEA数据平台。

图7-16　小红书开屏广告、惊喜盒子、搜索彩蛋、IDEA数据平台

三、任务实践

农历新年即将到来,抖音平台正在推出"抖音商城好物年货节"。冬天正是年糕的需求旺季。"某年糕作坊"预计投入10000元,在抖音平台进行直播间和产品的广告投放,在平台外借助自然流量开展一系列的产品和店铺曝光活动。请你为此提供适宜的推广思路。

任务四　直播电商客户服务与管理

一、任务导入

经过近期的推广和运营,"某年糕作坊"在抖音平台的销量有了显著提升。单场直播产品销量从80多件上升到120多件,平均客单价从10.24元上升到12.84元。直播推广有了一定的效果。和售卖同类产品的直播间相比,"某年糕作坊"的客单价和成交转化率均有巨大的进步空间。随着订单量的增加,客服人员压力剧增。因此小张所在的项目组准备着手打造店铺的客服团队,并为客服人员开展培训,目的是提升店铺的客服和转化能力。

二、知识准备

直播电商客服是在直播平台上负责处理消费者咨询、投诉等问题的工作人员。直播电商客服的主要职责在于维护直播间秩序，为消费者提供高质量的服务，解决消费者提出的售前、售中和售后问题等。

（一）直播电商客服团队的打造

依据直播间规模和服务内容的差异，可以打造低配版、标配版、高配版直播电商客服团队。低配版直播电商客服团队可由1名场控人员兼任，标配版直播电商客服团队可由1—2名客服人员组成，高配版直播电商客服团队可由3名及以上数量的专业客服人员组成。

1. 直播电商客服团队的岗位设置

一个专业的直播电商客服团队，从客服流程和客服岗位分工的差异来看，可以分为负责售前事宜的客户接待部、负责售中和售后事宜的直播运维部，以及客服管理部。客户接待部主要负责店铺的日常产品咨询和接待。根据分工不同，可以将直播运维部划分为负责直播间抽奖、发放红包和福袋的直播间活动运维组，负责直播间订单发货、退货、换货、订单催付等工作的订单处理组，以及负责售后退款、评价、发放优惠券等工作的售后处理组。可以将客服管理部划分为负责客服人员培训和考核的质检培训组，以及负责日常粉丝维护工作的粉丝运维组。直播电商客服团队的岗位设置如图7-17所示。

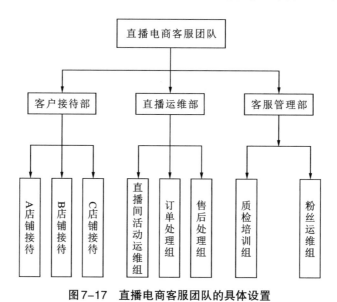

图7-17 直播电商客服团队的具体设置

2. 直播电商客服团队的工作内容

直播电商客服团队按照由低到高的级别，可以分为直播电商客服专员、直播电商客服主管和直播电商客服经理。各岗位人员的工作职责有很大的差异，具体如表7-3和表7-4所示。

表7-3 直播电商客服专员的工作内容

岗位	工作内容		
	直播前	直播中	直播后
直播电商客服专员	熟悉各直播平台的客服工具和操作流程；熟悉产品卖点；熟悉直播间的营销活动规则	解决消费者提出的有关产品、营销活动的问题；在直播间发放红包、优惠券；按照主播的指令上架产品	订单的发货、催付处理；处理退换货等售后事宜；维护消费者评价，建立消费者资料库

表7-4 直播电商客服主管、直播电商客服经理的工作内容

岗位	工作内容			
	岗位优化	品牌维护	数据优化和分析	投诉和公关处理
直播电商客服主管	熟悉平台规则，关注平台信息和规则变化，合理利用智能客服工具，提高工作效率，优化工作流程；适时开展针对直播电商客服专员的培训和带教，确保直播电商客服专员具备岗位要求的技能	熟悉品牌文化，挖掘品牌价值；根据品牌和产品的特点设计传播方案，提升品牌价值	高效地整理和分析直播间和店铺的相关数据，寻找直播间的差异化优势，从数据分析的角度查找问题，提出解决方案；提升直播间的整体数据指标	熟悉直播行业的规章制度；积极处理消费者投诉；在维护店铺权益的同时，解决消费者提出的问题；维护店铺形象；做好大型促销活动期间的客服预案
直播电商客服经理	优化内部客服人员的岗位职责，制订服务标准，明确考核机制，提升客服团队的工作效率	挖掘消费者的潜在需求，提升消费者满意度，通过个性化服务吸引优质消费者，提高消费者的忠诚度	从数据分析的角度，判断客服团队的服务价值，进行服务质量评估	当出现重要的公关问题时，积极面对，协调沟通，最大限度地减少问题对品牌的影响，维护品牌形象

（二）直播电商客服的话术

直播电商客服的话术质量是反映直播间客服能力的重要指标。直播电商客服及时响应消费者需求，灵活处理问题，能提高消费者满意度，活跃直播间的气氛，提升成交率和转化率。

1. 直播电商客服的话术原则

直播电商客服在了解品牌和产品，理解直播间营销活动内容的基础上，需要快速及时地响应消费者提出的问题。在回复的过程中，需要具备同理心，善于使用积极的网络用语，站在消费者的角度，为消费者提供真诚的服务。

2. 直播电商客服的常规话术

直播电商客服需要掌握在不同场景中使用的话术。常用话术如表7-5所示。

知识拓展7-2
FAB法则

表7-5　直播电商客服的常用话术

使用场景	常用话术
消费者进店	亲，欢迎光临我们的直播间，很高兴为您服务，请问有什么可以帮您？
	亲爱的小主，我们在此恭候您多时了，请问有什么可以为您效劳的？
	您好，欢迎光临我们的直播间。原生态种植，纯手工打造，带您寻觅儿时的味道（店铺品牌理念）。本店超级年货节火热进行中（店铺活动）。我是您的专属客服。请问您有什么需要？
介绍产品	亲，咱家的年糕精选当季新鲜粳米，采用传统水磨工艺，将米浆磨制后蒸制（属性），吃起来软糯不黏牙，软弹有嚼劲（口感），是喜欢寻觅传统老味道的顾客的首选哦（利益/使用场景）。
	宝宝们，咱家的羽绒服采用匈牙利飞天鹅绒（属性），轻盈保暖，极致锁温（作用），您穿上它，在哈尔滨-20℃的户外也不会觉得冷（利益/使用场景）。
催单发货	亲，您选的这款宝贝有货，您放心拍下，我们24小时内根据下单顺序发货。早拍早发货哦。如果您急用，我来为您备注，可以优先发货。
	亲，咱们这款宝贝是预售，7天内根据下单顺序发货，请您耐心等待。如您急用，小二为您推荐其他产品，您看好不好？

续表

使用场景	常用话术
消费者议价	非常理解您的想法，咱们买东西都追求性价比。您可以看看我们家的原料，采用的优质工艺，产品细节无可挑剔。要不您先买回家看一看，您觉得不值这个价，再退给我们也可以的。
	亲，您今天来得真巧，咱们直播间今天正在做年货节促销活动，保证全场产品都是全年最低价。您看中的这件产品现在入手非常划算，您可以试着买回去看一看。
介绍优惠活动	亲，非常感谢您对我们直播间的支持，也特别感谢您与我们互动！没领到优惠券/红包/赠品没关系，主播在后半场还为粉丝们准备了丰厚的折扣优惠，只要您继续关注，肯定有机会领到的。
催付款	亲，小二看到您下单的宝贝还没有付款，如果您方便的话，请尽快付款哦。货已经为您准备好了，早付款早发货哦！再次感谢您的支持，祝您购物愉快！
	亲，您选购的这款宝贝还没有付款哦，这是今天直播间的爆款，您选的颜色/尺码/型号库存告急。我怕您忘记付款，最后买不到您心仪的宝贝。喜欢就尽快拍下吧，谢谢您的支持！
	世界上最遥远的距离，不是天涯海角，而是你拍下了我，却忘记了付款。早付款早发货哦！
售后评价	亲，收货后您有任何问题都可以随时联系我们，小店支持7天无理由退换货。我们竭诚为您服务！
	亲，如果您收货后对我们的货品满意，请您动动手，给我们一个五星好评。您的肯定是我们前进的动力。

（三）直播电商客服赋能直播转化

直播电商客服除了在直播间提供日常产品服务外，还可以赋能直播间粉丝转化和产品成交。

1. 粉丝社群

当直播间积累了一定数量的粉丝后，可以根据门槛筛选一部分优质粉丝，邀请他们进入粉丝群。粉丝进群后，直播电商客服可以通过粉丝打卡、积分换礼、专属优惠券、粉丝心愿单、粉丝专属小助理、粉丝裂变等多种渠道进行粉丝社群维护。

2. 评论跟播

在直播过程中，直播电商客服可以根据消费者在直播间发表的言论，实时跟踪反馈，就消费者提到的问题进行回复，做到问题闭环管理，这就是评论跟播。在评论跟播中，常见的问题涉及产品购买、产品推荐、库存量、领券、发货时效、产品品质、退款以及投诉等。

知识拓展7-3
客服话术参考范例

三、任务实践

请根据表7-5中的直播电商客服的常用话术，为"某年糕作坊"撰写一份直播客服分场景话术。

项目实训

◇ 实训背景

安徽省宿州市埇桥区自然条件优越，盛产优质瓜果稻米。在安徽省农业科学院专家的倾情帮扶下，当地农业示范带头人武伯伯家的贝栗南瓜迎来了丰收。这里的贝栗南瓜品种优良，自然生长，不催熟，因此口感粉糯绵密，栗香浓郁。其含水量少，蛋白质含量高，纤维较少，是喜食粗粮人士的首选。武浩是武伯伯的儿子，大学毕业后回乡创业。他回乡后做的第一件事就是筹划通过直播帮父亲销售今年收获的10000多斤贝栗南瓜。表7-6中为武浩的基本信息，图7-18中为武浩准备通过直播售卖的贝栗南瓜。

表7-6 武浩的基本信息

项目	内容	项目	内容
姓名	武浩	性别	男
年龄	24岁	所在地	安徽省宿州市埇桥区
专业	电子商务	性格	沉稳踏实，做事有干劲
职业	自媒体创作人、农产品电商从业者	特长	烹饪、唱歌、打篮球

贝栗南瓜的产品信息和卖点如下：①原生态种植，泉水浇灌，自然的生长环境造就了贝栗南瓜的优良品质；②贝栗南瓜是园艺专家结合当地的土壤和气候条件培育的改良品种，营养丰富全面；③大小均匀，粉糯香甜，口感绵密细沙，皮薄肉厚，获得了很多消费者的认可和回购；④日常售价29.9元5斤包邮，49.9元10斤包邮，直播间新客尝鲜价15.9元3斤包邮。

图 7-18 武浩准备通过直播售卖的贝栗南瓜

◇ **实训要求**

根据产品特点和主播人设，明确直播间的目标消费者，为精准引流做好准备，在直播间进行引流方案的策划，包括站内引流方案和站外引流方案，将重点放在引流短视频的拍摄和投放上。为重点投放的引流短视频撰写拍摄脚本，安排拍摄工作，之后将引流短视频投放到引流平台。依据预算和引流情况，策划直播间营销和推广方案。完成直播间装修，设置屏蔽词、直播贴片、客服快捷回复语，为开播做好准备。

◇ **操作提示**

根据贝栗南瓜的特点和主播人设，为直播间构建粉丝画像，明确粉丝标签，将表 7-7 填写完整。

表 7-7 构建粉丝画像

标签序号	基本特征标签	社会特征标签	偏好特征标签	特为特征标签
标签 1				
标签 2				
标签 3				
标签 4				
……				

依据贝栗南瓜的产品特点，以及目标消费者的需求，在直播平台进行站内引流方案和站外引流方案的策划，明确不同方案的预期效果。

直播引流方案的重点是引流短视频的拍摄和投放。需要结合不同的短视频主题，策划不同的短视频内容，撰写不同的脚本，并设计适宜的投放方案。设计直播间互动方案和广告投放方案,明确其中需要投入的成本以及预期目标,将表7-8、表7-9填写完整。

表7-8 直播间互动方案

编号	互动方案	投入成本	预期目标
1			
2			
3			
……			

表7-9 直播间广告投放方案

编号	广告投放方案	投入成本	预期目标
1			
2			
3			
……			

设置直播间屏蔽词、直播贴片、客服快捷回复语,将表7-10填写完整。

表7-10 直播间屏蔽词、直播间贴片、客服快捷回复语

项目	内容/话术
直播间屏蔽词	
直播贴片	
客服快捷回复语	

本项目学习效果测评

知识测评		
知识点	评价指标	自评结果
直播实施	引流	☐A+ ☐A ☐B ☐C ☐C−
	互动	☐A+ ☐A ☐B ☐C ☐C−
	投放	☐A+ ☐A ☐B ☐C ☐C−
	客服	☐A+ ☐A ☐B ☐C ☐C−
能力测评		
技能点	评价指标	自评结果
独立进行直播活动	引流	☐A+ ☐A ☐B ☐C ☐C−
	互动	☐A+ ☐A ☐B ☐C ☐C−
	投放	☐A+ ☐A ☐B ☐C ☐C−
	客服	☐A+ ☐A ☐B ☐C ☐C−
素养测评		
素养点	评价指标	自评结果
思政素养	职业道德要求	☐A+ ☐A ☐B ☐C ☐C−
	法律法规要求	☐A+ ☐A ☐B ☐C ☐C−
薄弱项记录		
我掌握得不太牢固的知识		
我还没有掌握的技能		
我想提升的素养		
教师签字		

项目八　直播复盘与分析

学习目标

◇ **知识目标**

（1）了解直播复盘的意义。
（2）了解直播复盘的核心内容。
（3）掌握直播复盘数据分析工具及数据分析方法。
（4）掌握撰写直播复盘总结的方法。

◇ **能力目标**

（1）能够根据直播目标，确定直播复盘流程。
（2）能够依据直播后台数据，利用合适的数据分析工具和方法进行分析。
（3）能够根据复盘报告，发现问题，分析原因，并给出合理的建议。

◇ **素养目标**

（1）引导学生对直播运营活动进行全面复盘，总结经验和教训。
（2）教授学生运用数据分析工具进行深度分析，为直播运营提供有力支持。
（3）培养学生的持续改进和优化直播工作的意识，不断提升直播运营效果。

工作场景与要求

　　小张所在的项目组接到教师布置的任务后，迅速投入并开展相关工作。项目组成员认为，想要帮助农户开展直播复盘与数据分析、提升农产品销量、增加农户收入，就要了解从哪些角度来分析直播质量。目前，有很多指标都可以用于衡量直播质量。小张从直播过程以及直播数据两个方面入手，选取了其中常用的指标，帮助农户开展直播复盘，收集并汇总数据，与同赛道直播间以及农户之前的直播数据进行对比，撰写直播复盘总结。

任务一　熟悉直播复盘的主要内容

一、任务导入

小张所在的项目组接到任务以后，召集成员进行讨论，大家对做好直播复盘工作充满信心。大家深知直播运营非常重要，直播复盘是运营中的重要板块，要通过数据对整个直播过程及时进行总结及反思。但是，想要优化直播运营效果、提升直播带货的水平，就要先了解应该从哪些内容入手，科学、专业地分析直播过程中存在的问题，以更好地优化直播策略。

那么，可以从哪些方面开展直播复盘工作？

二、知识准备

对于直播间的消费者而言，在主播下播后，直播也就结束了。但对于直播团队而言，后续工作还在进行，直播团队需要对每次直播进行有效的复盘。在实际工作中，直播团队会在直播结束后立即进行复盘，将主播、运营等团队人员的真实反馈和感受记录下来，对直播的数据同步进行分析，这个过程就叫作直播复盘，也称直播运营复盘。

直播复盘是整场直播的最后一个流程。直播复盘工作主要包括直播过程复盘以及直播数据复盘两个部分。

（一）直播过程复盘

1. 直播过程复盘的主要内容

直播过程复盘即针对直播团队的各项工作进行复盘，如直播选品是否成功，主播和副播是否能够全面展示产品，是否能积极与消费者互动，是否有效引导消费者完成购买，客服人员是否能为消费者答疑解惑，是否及时处理产品发货和售后等问题，运营人员是否能及时有效地进行沟通，直播设备的使用是否规范等。直播过程复盘涉及的主要事项如表8-1所示。

表8-1　直播过程复盘涉及的主要事项

项目	复盘事项
直播选品	直播平台日常运营目标是否达成；直播产品的挑选与质量把控是否合格；直播产品定位及卖点提炼是否全面；竞品分析是否全面、有效

续表

项目	复盘事项
主播和副播	直播现场及物料准备工作是否完成；直播间装修是否适宜；直播脚本是否全面、有效；直播产品的介绍是否全面、有效；是否及时、有效地在直播间与消费者互动并引导消费者下单；是否及时、有效地处理直播间订单
客服	直播间客服工作是否完成；直播间订单跟进和催付款是否及时、有效；直播订单的退换货、中差评等异常问题的处理是否及时、有效；售前、售中、售后客服管理是否及时、有效；是否及时、有效地跟踪订单状态
运营人员	直播设备的使用是否规范；直播权益活动是否及时完成；直播前的宣传是否全面、到位

2. 直播过程复盘的原则

(1) 及时性

直播结束后，为了避免遗忘某些直播细节，直播团队应及时召集团队成员进行复盘。这里的复盘不是简单的总结，而是对直播间的工作进行分析和反思。

(2) 真实性

每位直播团队的成员要将工作中遇到的问题以及可以完善的部分真实地呈现出来，不能美化问题，更不能对问题视而不见。复盘的目的在于改进，团队成员应放开心态，坦诚表达；尤其是管理者，要以身作则，主动反思自我，不遮掩、不护短，为团队成员树立榜样。

(3) 关联性

当直播过程出现问题时，直播团队不仅要关注问题本身，而且要关注团队合作与分工的结果。直播团队共同总结、提炼，将问题逐步清晰化、具象化，这有利于问题的解决。

(二) 直播数据复盘

数据是运营的关键，贯穿直播复盘工作的整个过程。直播数据复盘的常用指标主要有用户画像数据指标、流量数据指标、互动数据指标和转化数据指标。

1. 用户画像数据指标

用户画像也称用户角色，是依据实际数据建立用户模型，将用户信息进行标签化处理。用户画像把用户的基本属性、兴趣标签、场景标签、行为标签等进行处理，帮助直播团队更好地定位产品的主要受众和目标消费群体，从而进行直播策略的优化。用户画像中的基本属性包括性别、年龄、消费水平、职业等；兴趣标签包括教育背景、购物经历等；场景标签包括用户出现在哪些场景，如机场、商圈、景点、家庭等；行为标签包括用户近期经常使用的手机软件，近期去过的地方等。

用户画像是运营工作的起点，能够指导直播团队提供针对性的服务，更好地进行选品、策划工作；同时，用户画像也能指导商家更好地开展营销活动，对产品进行改进。

例如，某主播直播间的用户画像如图8-1所示，包括性别分布、年龄分布和地域分布。可以看出，该主播直播间的用户以31—40岁的女性用户较多，江苏的用户数量最多。

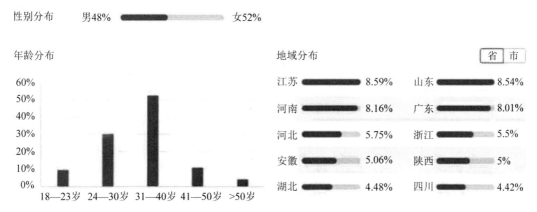

图8-1　某主播直播间用户画像

2. 流量数据指标

通过对流量的来源和峰值进行分析，直播团队能够调整直播流量的投放，并调整相关的引流策略。常见的流量数据指标包括以下四个。

（1）在线人数

直播间的在线人数是指当前正在观看直播的消费者的数量，在线人数可以帮助主播了解直播的受众群体和受众反馈，并采取相应的应对策略。

当前在线人数由上一时段的在线人数，加上实时进入的人数，减去实时离开的人数决定。因此，想要提高在线人数，就要提升实时进入的人数，降低实时离开的人数（即减少流失率）。

对于直播间而言，当直播间的产品交易总额较高时，尤其是比同类型的直播间产品交易总额高时，平台会判定直播间质量较高，实时进入的用户数量一般会有所提升；相反，如果直播间无法达到平台判定的在线人数对应的产品交易总额，平台会判定直播间质量较低，实时进入用户数量就会减少。此外，直播间还要努力降低流失率，提升用户停留时长。一般在引流产品售罄或下架后，会有部分用户流失，在红包、福袋发放完毕后，也会有部分用户流失。与在线人数相关的概念有产品交易总额和独立访客，如表8-2所示。

表8-2　与在线人数相关的概念及解释

概念名称	详细解释
产品交易总额	产品交易总额指在一定时间段内通过直播间成交的产品总金额，它包括所有已经成交的订单金额，无论这些订单是否已经付款或发货；在某些情况下，产品交易总额甚至会包含拍下但未支付的订单金额
独立访客	独立访客（unique visitor，UV）指的是在某一时间段内通过平台访问直播间的用户，不包括重复访问的用户；每个访客在24小时内只能被计算一次，即使他们多次进入直播间

（2）新增粉丝数

对于售卖产品的直播间而言，直播团队除了关注GMV外，最关心的就是粉丝数量了。新增粉丝数与直播间在线总人数的比例高，即转粉率高，能显示用户对直播间的喜爱，也能促使平台判定该直播间为优质直播间，使直播间能在平台生态内长久发展。转粉率指的是直播间转化粉丝的能力。一般而言，对于1000人以下的直播间，转粉率达到1%即为合格，2%为中等，4%为优秀；多于1000人，则2%为及格，5%—10%为优秀。在直播间中，主播对于转粉率的提升起着至关重要的作用，主播人设的塑造以及价值输送的引导可以有效提升转粉率。

（3）在线人数峰值

在线人数峰值在一定程度上体现出了直播间的人气和热度。在线人数峰值越高，说明当下直播间的热度越高。在直播复盘的过程中，在线人数峰值是直播团队重点考察的内容，直播团队成员复盘某个时间点出现峰值的原因，如果是正面的原因，则可以在接下来的直播中继续使用该方法。

另外，直播团队也要复盘之前在线人数峰值和本场在线人数峰值。如果两者相差过大，尤其是本场在线人数峰值与之前在线人数峰值相比下降过多，直播团队要复盘是哪里出现了问题，并针对这些问题找出应对方案，然后在下一场直播中规避上述问题。

(4) 直播穿透率

直播穿透率是指直播内容被用户看到的概率。这个指标反映了直播间的流量效率，即有多少人进入直播间的流量入口，并且继续观看直播内容。直播间引流效果可以用直播穿透率体现，直播穿透率越大，直播间引流效果就越好。

3. 互动数据指标

互动数据指标是指用户在直播间的互动行为数据。用户对直播间感兴趣，就一定会乐于进行互动，那么直播间内的评论、点赞、分享、人均观看时长等数据就会更好。

弹幕热词是用户评论中出现次数较多的关键词。直播团队提炼弹幕热词后，可以在之后的直播中主动引导用户发布关键词。

人均观看时长能够很好地说明直播内容是否具有吸引力。主播的留人话术、直播场景的呈现效果、选品组货的能力等都会影响人均观看时长。

4. 转化数据指标

(1) 产品数据

产品数据用于衡量用户对直播间上架的产品是否感兴趣，有3个核心指标，分别是产品展示次数、产品点击次数、点击成交转化率。

产品展示次数指产品展示给用户的次数，主播对产品的讲解，以及产品的标题、封面、详情页、价格都会影响产品展示次数。

产品点击次数指用户点击某款产品的次数。有多少用户访问了产品详情页并进行了查看或浏览都会影响产品点击次数。产品点击率是产品点击次数和产品被展示次数的比值。对于直播间而言，如果产品点击率低于同赛道直播间，则说明主播的引导或选品的吸引力存在一定问题，需要优化。另外，如果直播间用户画像与直播间上架产品的消费群体不匹配，也会出现产品点击率低的情况。

点击成交转化率指用户点击产品详情页与最终下单购买之间的比值。直播间吸引用户的能力、产品质量和客服质量都会影响点击成交转化率。

(2) 交易数据

交易数据最能反映直播间的变现能力，直观地体现了直播间的成交转化情况。交易数据的核心指标包括成交人数、客单价、转化率、UV价值等。

成交人数体现了直播间的流量价值和潜在客群转化情况，影响着直播间的实际销售额。客单价是指直播中平均每个用户的成交额，客单价是GMV和购买产品的用户数量的比值。直播间用户的购买水平、消费层级、选品策略、产品定价、选品组合都会影响客单价。一般而言，客单价越高，直播间的利润就越高。转化率用于衡量直播间的带货效率，它是下单人数和观看直播总人数的比值。直播间的吸引力、主播引导、预热推荐、营销工具促单等都会影响转化率。UV 价值用于衡量每个用户对直播间的贡献值，UV 价值是 GMV 和直播间访客总数的比值，同时也是客单价和转化率的乘积。UV 价值越高，说明直播间用户的购买能力越强。提高客单价以及提升转化率都可以提高直播间的 UV 价值。做好直播间前期宣传、保持直播间高质量的内容输出等对于 UV 价值的提升也有一定帮助。

三、任务实践

总结并汇总直播复盘的具体内容。

任务二　直播运营数据收集和处理

一、任务导入

小张所在的项目组在熟悉了直播复盘的内容之后，马上着手分析农户的直播间数据。小张深知对海量数据进行采集、处理和分析的重要性，通过对用户行为、互动频率、购买行为等数据的收集和分析，小张深入地了解了用户需求和喜好，提出了优化直播内容的策略。为了更好地收集数据并进行对比，小张了解并利用了多种工具和方法。

那么，常用的直播运营数据收集工具以及处理方法有哪些？

二、知识准备

在数字时代，越来越多的数据被记录、被处理，新的数据也因此产生。面对海量数据，我们必须依靠专业的数据收集和处理工具，才能解决直播运营中的诸多问题。

（一）直播运营数据收集

1. 直播平台自带的数据收集工具

随着互联网的发展，直播平台的后台都有自带的数据收集工具。运营者可以在后台直观地看到用户画像、在线人数、产品展示次数、成交量、转化率等。

直播平台自带的数据收集工具一般都会出现在创作者的菜单栏，主要涉及粉丝分析、流量分析、产品分析等内容。常见的直播平台自带的数据收集工具如表 8-3 所示。

表8-3 常见的直播平台自带的数据收集工具

平台名称	自带的数据收集工具及功能
淘宝	流量互动（包括观看次数、观看人数、观看时长、封面图点击率、新增粉丝数等）、转化成交（包括产品点击率、成交转化率、成交人数、成交件数等）
抖音	作品数据（包括播放量、点赞量、分享量、评论量、主页访问量、竞争分析等）、粉丝画像（粉丝数超过1000的运营者可以查看粉丝画像）、评论热词（按热度排名）
快手	用户数（正在观看直播的用户数量）、点赞数（用户对直播间内容点赞的数量）、互动数（用户在直播中发弹幕、礼物、打赏的数量）

2. 网站统计工具

网站统计工具能快速收集网站运营数据，为网站优化提供数据支持。运营者通过编写一段PHP代码就能开始数据收集，不需要借助第三方网站。常用的网站统计工具有百度统计、谷歌分析（Google Analytics）等。

（1）百度统计

百度统计是百度推出的一款免费的网站统计工具，能够实现监控流量、吸引流量、保留流量、完成转化等目标。与传统的流量统计工具注重流量数量相比，百度统计尤其注重对流量质量、用户行为的分析，助力网站优化和进步。

网站分析是百度统计的基础产品，提供基础的网站分析（趋势分析、来源分析、网页分析、用户分析、定制分析、优化分析）报告，还推出了智能热力图，提供行业搜索引擎优化方案、百度索引量查询、搜索词排名查询等独有功能，帮助运营者从多个角度方便、高效地分析网站的流量和用户行为。

百度移动统计是一款专业的移动应用统计分析工具，在iOS和Android系统都可以使用。运营者可以方便地通过嵌入软件开发工具包，实现对移动应用的全面监测，实时掌握产品表现，准确洞察用户行为。直播团队运用百度移动统计，能够快速获取移动端直播数据。

百度统计流量研究院深度挖掘流量数据，提供权威报告、行业趋势、用户分析等信息，以直观新颖的展现形式，让互联网从业者拥有准确、权威的参考数据来源，解决直播团队对行业趋势、用户需求把握不够及时的问题。

（2）谷歌分析

谷歌分析是谷歌推出的一款免费的网站统计工具，适用于商家，其主要功能是向商家展现用户如何到达自己的网站,以及如何吸引他们不断回访,帮助商家快速撰写定位准确的广告宣传文案,并提高转化率。

谷歌分析操作便捷。商家在网页添加代码就可以完成操作。其基础功能免费,但功能比较单一,商家要想实现深度分析,就需要支付高额的费用。

3. 第三方数据收集工具

第三方数据收集工具通常是指非官方自带的统计工具,需要得到官方授权才可以查看并收集数据。第三方数据收集工具通过采集和处理直播平台上的数据,帮助运营者更快、更便捷地获取用户数量、观看时长、点赞数、评论互动等信息,同时,第三方数据收集工具也能帮助运营者初步分析目标受众、流量情况等。常见的第三方数据收集工具有飞瓜数据、蝉妈妈、灰豚数据等。

(1) 飞瓜数据

飞瓜数据覆盖微信公众号、微信视频号、微博、抖音、快手、小红书、B站等平台,能够分析大量账号的粉丝画像、文章、视频、直播间等数据,能够捕捉直播关键点,评估流量获取效率,查看主播的粉丝活跃时间分布等。飞瓜数据抖音版页面如图8-2所示。

图8-2 飞瓜数据抖音版页面

飞瓜数据能够实现直播分析、选品、数据监控、达人数据、品牌投放等功能,对于运营者的日常运营和趋势分析具有很大帮助,其主要功能如表8-4所示。

表8-4 飞瓜数据的主要功能

功能	直播分析	选品	数据监控	达人数据	品牌投放
具体描述	直播库	商品库	关注的直播号	达人库	品牌库
	实时热门直播	抖音商品榜	直播监控	带货达人榜	小店库
	直播带货达人	商城热词榜	视频文案提取	巨量星图热榜	品牌排行榜
	视频引流直播	商品搜索榜	达人对比	MCN资料库	品牌种草榜
	直播人气榜	热门种草词	直播间对比	/	品牌对比
	直播热度榜	实时爆款商品	/	/	/
	直播数据大盘	商品数据大盘	/	/	/

需要注意的一点是，表8-4中的很多功能是需要付费的，因此飞瓜数据适合预算充足、对数据要求高的直播团队使用。

（2）蝉妈妈

蝉妈妈是短视频和直播电商数字化决策平台，可以针对单个账号做数据管理，也可以对单个视频做数据追踪。蝉妈妈的功能比较全面，运营者可以通过蝉妈妈找直播、找达人、找品牌、找产品。同时，蝉妈妈还能帮助运营者进行流量监控，对比榜单数据，实现账号内容优化、粉丝优化、流量变现等目标。图8-3中是蝉妈妈首页，图8-4中展示了某直播间在蝉妈妈上的数据，图8-5中是某直播间在蝉妈妈上的实时大屏数据。

图8-3 蝉妈妈首页

图 8-4 某直播间在蝉妈妈上的数据

图 8-5 某直播间在蝉妈妈上的实时大屏数据

蝉妈妈除了具备直播分析、选品、数据监控、达人数据、品牌投放等功能外，还可以帮助运营者进行直播产品的一键采集，带领运营者学习优秀直播话术。商家需要付费才能使用蝉妈妈上的全部功能，价格相对适中，一些小型商家或个人也可以使用。

（3）灰豚数据

灰豚数据是专业的短视频、直播数据分析平台，涵盖抖音、淘宝、小红书、快手四大平台，能够实现即时、高效、准确的数据分析服务，帮助运营者加速流量变现，实现账号精细化运营目标。图8-6中为某直播间在灰豚数据上的数据监控页面，图8-7中为某直播间在灰豚数据上的实时数据页面。

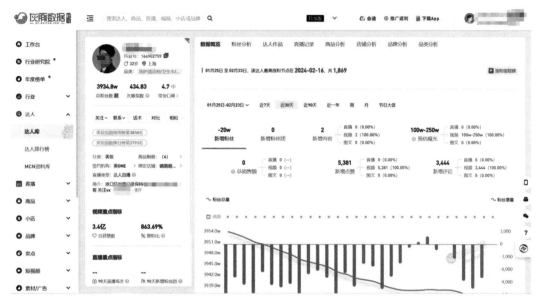

图8-6　某直播间在灰豚数据上的数据监控页面

图8-7　某直播间在灰豚数据上的实时数据页面

灰豚数据提供行业研究院、年度榜单、行业情况、品牌集团大屏等功能，帮助运营者更好地了解行业情况，预测行业趋势，其主要功能如表8-5所示。

表 8-5　灰豚数据的主要功能

功能	直播分析	选品	数据监控	达人数据	品牌投放	其他工具
具体描述	直播库	商品库	数据概览	达人库	品牌库	素材广告
	实时直播榜	选款大厅	粉丝分析	达人排行榜	小店库	搜索词
	历史直播榜	抖音商品榜	达人作品	MCN资料库	热门品牌/小店榜	关注
	黑马主播榜	直播商品榜	直播记录	/	潜力品牌/小店榜	话术
	店铺自播榜	商品卡热销榜	商品分析	/	增长品牌/小店榜	抖音号对比
	纯佣主播	实时爆款榜	店铺分析	/	/	直播间对比
	直播数据大盘	/	品牌、品类分析	/	/	违禁词检测

运营者可以根据自身需求、预算情况，选择适合直播团队的第三方数据收集工具。

4. 本地数据收集工具

运营者可以利用Excel等本地数据收集工具或计算机中已安装的软件，进行个性化数据收集。一般可以通过后台导出、问卷调查、人工统计等方式来收集数据。

除以上工具外，还有很多可以用于直播复盘的工具。其实，工具不在于多，运营者需要做的，是选择适合自己的工具，关注数据本身，将现有的数据分析到位，不断优化并完善数据。

（二）直播运营数据处理和分析方法

直播团队利用数据收集工具收集所需数据之后，需要对数据进行处理。常见的数据处理和分析方法有趋势分析法、分组分析法、结构分析法、对比分析法等，下面笔者将按照应用场景来逐一介绍。

1. 趋势分析法

趋势分析法体现相同指标在不同时期的变化趋势。运营者一般通过柱形图和折线图来展示指标的变化趋势，从中发现问题，为直播团队提供复盘思路。

图8-8中是某直播间粉丝变动情况。我们能够明显看到,在当天的直播中,新增粉丝数量在12:17和13:31左右出现大幅上涨,新增直播粉丝团在12:21和13:39左右出现大幅上涨。因此,该直播团队可以对这几个时间段的直播内容进行认真研究,分析引起粉丝数量上涨的原因,并在今后的创作中继续用类似的方法实现粉丝上涨的目标。如图8-8所示,该直播间在粉丝数量大幅上涨的时间点前均发放了福袋,这很可能就是促成粉丝数量增长的原因。

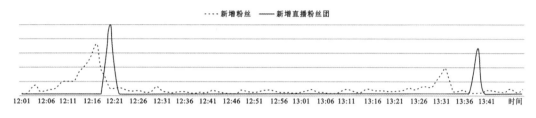

图8-8 某直播间粉丝变动情况

2. 分组分析法

分组分析法是根据某一特征,将总体数据划分成若干个部分,以分析其特征的一种方法,其主要特点为数据不重复、不遗漏。

直播团队在分析用户画像时,可以采用分组分析法。图8-9中为某直播间粉丝年龄分布情况。该直播间粉丝年龄以31—40岁为主,因此直播间选品、内容策划就一定要结合31—40岁人群的特征。

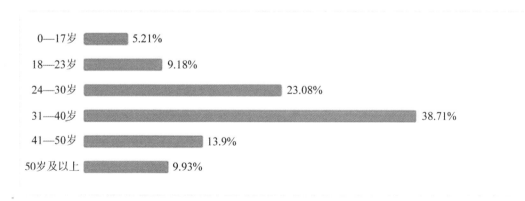

图8-9 某直播间粉丝年龄分布情况

3. 结构分析法

结构分析法用于分析总体数据各组成数据之间的关系或者各组成数据和总体数据之

间的关系，其统计结果属于相对指标，一般用饼状图显示。

直播团队在统计粉丝地域占比等情况时可以用结构分析法。图8-10中为某直播间的粉丝地域分布情况。来自浙江、山西、河北的粉丝数量最多。该直播间可以根据粉丝地域特征，在脚本策划、选品以及产品组合方面做出优化。

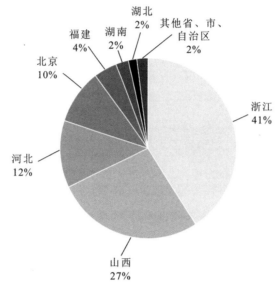

图8-10　某直播间的粉丝地域分布情况

4. 对比分析法

对比分析法也称比较分析法，是将两个或两个以上的数据指标进行比较，帮助直播团队快速分析差异、发现问题并及时解决问题的方法。

对比分析法主要用于销量等方面的比较、竞争对手之间的比较等，一般用柱状图或条形图来展现。图8-11中为一款产品在不同销售渠道的销售额对比。可以看到，直播销售对于该产品的销售起到了重要作用，同时，视频销售也对该产品的销售有促进作用，因此运营者可以将直播与视频相结合，促进销售额的提升。

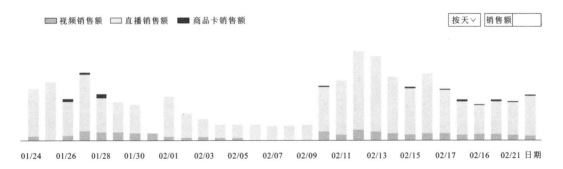

图8-11　一款产品在不同销售渠道的销售额对比

> **专家点拨**
>
> 数据处理有目的地收集、整理、加工、分析数据,通过数据分析方法展现数据,实现数据可视化的目标。除了上文介绍的数据处理和分析方法,热力分析法、漏斗图分析法、气泡图分析法、雷达图分析法、回归分析法也经常在数据分析中使用。

三、任务实践

数据分析工具有很多,请挑选出最适合自己的数据分析工具,尝试搜索某一直播间的数据,完成数据收集,并利用数据处理和分析方法,对数据进行初步处理和分析。

任务三　直播数据分析和复盘总结

一、任务导入

小张所在的项目组利用直播运营数据收集工具,收集了和农户有关的数据。小张明白,要想真正解决农户面临的问题并提出优化方案,必须对相关数据进行分析,同时撰写复盘总结,让农户可以更深入、更直观地了解解决问题的方法和改进思路,优化以后的直播带货活动。

那么,小张所在的项目组应该如何梳理数据分析过程,并进行数据分析?在数据分析的基础上,他们应该怎样撰写复盘总结?

二、知识准备

直播数据分析和复盘总结是直播复盘工作的核心步骤。直播团队深入分析直播过程中出现的问题,尤其是过程、数据等方面的问题,根据问题的具体情况,提出相应的解决方案,以便在后续的直播中进行改进和优化。复盘的重点在于在数据分析中发现问题并完成复盘总结,形成可借鉴的经验手册。这样,在后续的直播中,直播团队可以参考这些经验手册,参考过去的经验,避免出现相同或类似的错误,并不断提高直播的质量和效果。

（一）直播数据分析

直播团队可以使用飞瓜数据来查看并分析相关数据，找出存在的问题，有针对性地对直播工作进行优化。飞瓜数据是一个为抖音、小红书、微博、快手、B站等社交媒体平台提供数据分析服务的平台，致力于帮助品牌提升直播销售额和利润。接下来，笔者以飞瓜数据抖音版PC端为例进行直播数据分析。

1.直播数据分析概览

在飞瓜数据抖音版主页，我们可以查询直播库和实时热门直播，还能通过搜索查看特定直播间的场均观看人次、场均直播时长、直播客单价、直播销量、直播销售额、粉丝趋势、带货趋势等数据。通过这些数据，我们可以迅速了解特定直播间的基本情况，筛选同赛道的竞争对手。通过了解竞争对手的数据，直播团队可以进行比较和借鉴，以提升自己直播间的整体数据。图8-12、图8-13、图8-14中分别为某直播间2024年1月的直播数据、粉丝趋势、带货趋势。

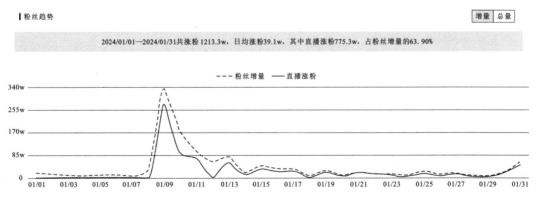

图8-12 某直播间的直播数据

图8-13 某直播间的粉丝趋势

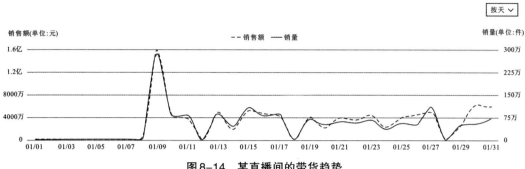

图8-14 某直播间的带货趋势

2.直播间详细的数据分析

(1) 用户画像数据分析

用户画像部分的数据包括每场直播的用户性别分布、年龄分布、地域分布、消费需求分布、购买类目偏好、购买品牌偏好、最感兴趣的内容等。图8-15、图8-16、图8-17、图8-18中为某直播间的用户画像。我们可以从中看出，该直播间以女性用户为主，31—40岁用户较多，广东、江苏、山东、浙江的用户较多，且这些用户喜欢母婴、穿搭等内容。根据用户画像，直播团队可以调整选品、直播讲解话术、产品组合等方面的内容，提升用户黏性，促进直播间产品销量和销售额的增长。

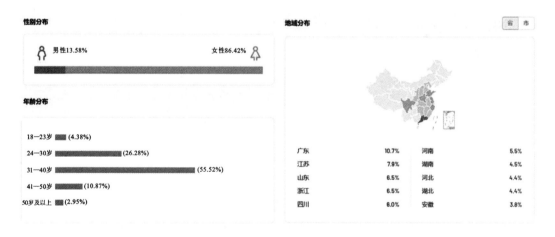

图8-15 某直播间的用户画像：性别分别、年龄分布、地域分布

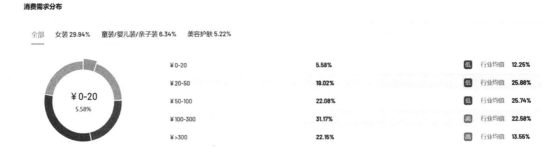

图8-16 某直播间的用户画像：消费需求分布

图8-17 某直播间的用户画像：购买类目偏好、购买品牌偏好

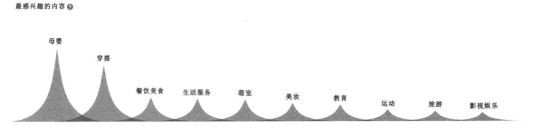

图8-18 某直播间的用户画像：最感兴趣的内容

(2) 流量数据分析

流量数据分析一般包括实时流量数据分析和直播流量数据分析。要查看实时流量数据分析，可以单击直播间，进入"实时大屏"，获取在线人数、新增粉丝数、在线人数峰值等数据。直播流量数据分析一般在直播结束后48小时呈现，直播团队可以选择时间区间，对直播趋势、直播流量结构、直播穿透转化趋势、直播列表等数据进行分析。

在实时流量数据分析中，直播团队可以重点关注在线人数、新增粉丝数以及在线人数峰值，通过互动、产品上架等环节，及时做出调整，目标是使在线人数保持稳定上涨的趋势；可以分析在线人数、新增粉丝数的峰值，分析直播间的人气、话术情况，优化讲解话术，升级互动玩法。同时，直播团队需要关注在线人数、新增粉丝数的谷值，找出用户流失的原因，在之后的直播中尽量避免出现类似的问题。图8-19中为某直播间实时大屏数据。

图 8-19　某直播间实时大屏数据

在直播流量数据分析中，直播团队可以通过直播趋势对比不同时间点的直播销售额，尤其关注峰值情况；可以通过直播流量结构和直播流量结构趋势，分析短视频引流、付费引流、关注、自然流量之间的情况，确定短视频引流的效果、付费引流的效率，思考如何提升粉丝黏性；还可以通过直播穿透转化趋势以及直播消费价值趋势，获取客单价、UV 价值的数据，以制订切实可行的调整客单价、提升 UV 价值的策略。图 8-20 中为某直播间的直播趋势；图 8-21 中为某直播间的直播流量结构和直播流量结构趋势；图 8-22 中为某直播间的直播穿透转化趋势；图 8-23 中为某直播间的直播消费价值趋势。

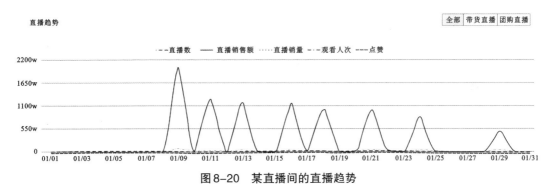

图 8-20　某直播间的直播趋势

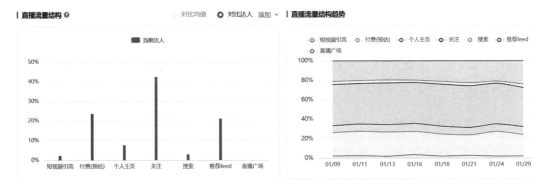

图 8-21　某直播间的直播流量结构和直播流量结构趋势

直播穿透转化趋势

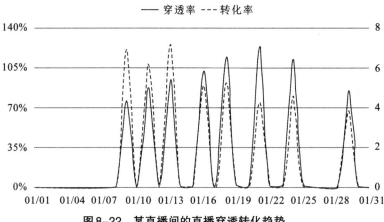

图8-22 某直播间的直播穿透转化趋势

直播消费价值趋势

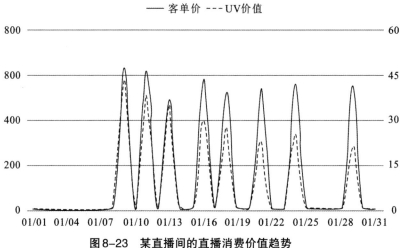

图8-23 某直播间的直播消费价值趋势

流量数据分析对于直播复盘非常重要，直播团队要关注流量数据，尤其是峰值和谷值，以及出现峰值、谷值前后的话术和互动玩法。通过观察图8-23，我们能发现，该直播间在1月9日客单价、UV价值都相对较高，整体销量表现良好，直播团队可以详细分析该场直播的情况，总结经验。

（3）互动数据分析

互动数据包括互动率、互动趋势、弹幕词云等内容。通过互动趋势图（见图8-24），我们可以关注互动趋势的变动情况，探讨主播在某个时间段的互动和讲解话术，积累经验；通过弹幕词云（见图8-25），我们可以提炼弹幕热词，及时调整热词库，在之后的直播中主动引导用户发送含有关键词的弹幕,并设计相关话术。

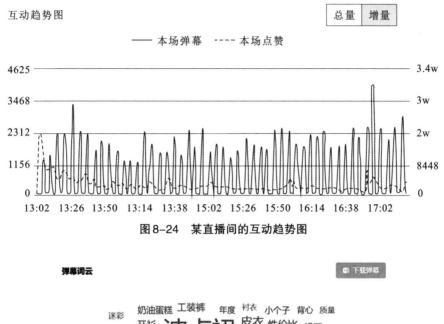

图8-24　某直播间的互动趋势图

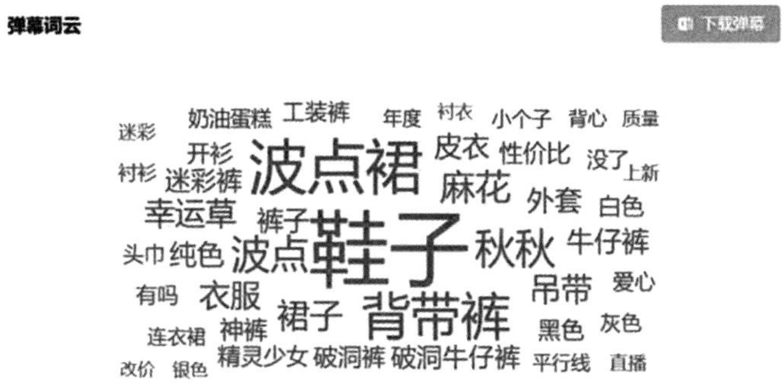

图8-25　某直播间的弹幕词云

互动数据在一定程度上体现了用户对直播间感兴趣的程度。如图8-24所示,该直播间在17:02左右互动弹幕和点赞最多,直播团队可以回看直播流程,探讨原因。如图8-25所示,"鞋子""波点裙""背带裤"等是用户感兴趣的关键词,对直播选品以及话术都有指导作用。

课堂讨论

如今,国货产品的热度越来越高。同学们可以分组观看国货品牌的直播,讨论这些品牌的直播间有哪些新鲜、有趣、能为用户创造价值的互动玩法。

(4) 转化数据分析

转化数据包括直播转化率等内容。通过分析转化数据,我们可以关注直播间不同产品的成交金额,并通过话术引导、催单等举措不断提高转化率。图8-26中为某直播间的直播转化率。

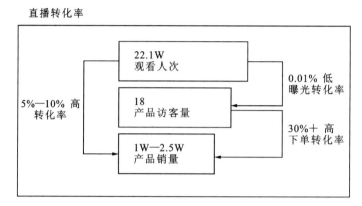

图8-26 某直播间的直播转化率

(二)复盘总结

直播团队需要将直播复盘的分析与结论进行梳理,形成复盘总结。复盘总结以数据为支撑,以过程为抓手,对问题进行复盘,提出问题解决方案,汇总可借鉴的经验,总结不足和疏漏,形成可复制性的经验手册。

撰写复盘总结的原则包括如下几点。

(1)改进问题,不断优化

撰写复盘总结时,最重要的依据就是数据,需要通过深入分析数据,揭示数据产生的原因。复盘总结的重点是改正已经存在的问题,优化现有流程中的不足,避免类似的问题再次出现,通过总结获得进步。

(2)重视过程,提高工作流畅度

每一次复盘都是对直播过程的全面审视。在复盘总结中,需要呈现直播过程中的问题,尤其要注意流程之间的衔接,以及直播团队成员的分工与合作。优质的复盘总结能够帮助直播团队优化和完善直播过程,使团队成员各司其职,不断提高直播过程的流畅度。

(3)量化目标,对下次直播进行规划

复盘结束后,直播团队需要在复盘总结中对下次的直播工作进行规划。根据复盘总结中的要点优化下次直播各环节的工作,将目标量化,使数据可追踪、效果可追溯。

三、任务实践

表8-6中是直播间常见的问题、原因及改进措施。请同学们分组，每组观看一场直播，并结合表8-6中的内容分析直播间存在的问题，并探讨如何改进。

表8-6　直播间常见的问题、原因及改进措施

常见问题	问题原因	改进措施
平均停留时间短	直播内容无法吸引用户	改进直播内容，根据用户画像、在线人数峰值选择用户感兴趣的内容
	直播间氛围差	营造合适的、吸引用户的直播间氛围，可以参考同赛道优秀直播间的做法
	主播讲解枯燥	加强直播间的互动，提前策划主播脚本
在线人数少	短视频引流效果不足	优化短视频的内容、发布时间
	付费流量不足	提升直播间流量转化率
	免费流量不足	增强与用户的互动，保持固定频率、时间进行直播
互动率低	互动不足	增加互动玩法，优化主播互动话术
客单价低	产品定位不明确	根据用户画像，重新定位产品或进行产品布局调整
	促销力度过大	调整价格策略，逐步优化、提高客单价
	服务质量不好	提高服务质量
转化率低	主播讲解和引导不足	优化主播讲解话术，积极引导用户下单
	产品定位不明确	优化选品，同时增强产品主图、详情页的吸引力
	直播间曝光不足	增加广告投放，同时吸引站外流量

项目实训

◇ 实训背景

农村电商一头连着农户增收，另一头连着产业发展。四川省自贡市荣县抢抓农村电子商务发展契机，在乡村e镇[①]培育中，注重典型示范引领，不断探索"直播＋电商＋助农"的新业态，解锁乡村振兴"新密码"，为实现乡村振兴注入新动力。2023年12月，

---

① 乡村e镇是指在一定区域内，以产业为基础，以电子商务深度融合为核心，以配套服务为支撑，具有明确的产业定位、互联网应用基础的发展空间平台。

第七届中国农村电子商务大会暨2023农村直播电商案例成果发布会在浙江省丽水市召开，会议揭晓了"2023农村直播电商优秀案例"评选结果，四川省自贡市荣县的龚向桃农村直播电商案例榜上有名，喜欢看龚向桃直播的粉丝都亲切地称她为"桃子姐"，她的抖音账号名为"蜀中桃子姐"。请你观看桃子姐的直播，利用数据分析工具，为"蜀中桃子姐"完成直播复盘与直播数据分析。

◇ **实训要求**

实训需要分小组进行，每组3—5人，1名组长。小组成员一同观看"蜀中桃子姐"的直播，针对直播间的产品，选择合适的直播复盘内容；利用直播运营数据收集工具，完成数据的可视化处理；根据直播数据，对用户画像、流量数据、互动数据、转化数据等进行分析，并撰写复盘总结。

◇ **操作提示**

首先，确定直播复盘的主要内容。根据直播间的实际情况以及直播团队的分工情况，确定复盘事项，并根据直播间以往的数据以及同赛道直播间的数据，确定部分指标的值，将表8-7和表8-8填写完整。

表8-7　直播过程复盘

相关工作完成情况	具体复盘事项
直播选品完成情况	
主播及副播工作完成情况	
客服工作完成情况	
运营人员工作完成情况	

表 8-8 直播数据复盘

内容	具体指标	具体复盘事项
用户画像	基本属性	
	兴趣标签	
	场景标签	
	行为标签	
流量数据	在线人数	
	新增粉丝数	
	在线人数峰值	
	直播穿透率	
互动数据	弹幕热词	
	平均观看时长	
转化数据	产品展示次数	
	产品点击次数	
	成交转化率	
	成交人数	
	客单价	
	转化率	
	UV价值	

其次，根据表8-7和表8-8中的直播复盘内容，选择一款常用的直播运营数据收集工具，填写日期相近的、相同时段的连续5场直播的数据，并根据数据分析方法，完成直播数据分析，将表8-9至表8-12填写完整。

表 8-9 直播用户画像数据分析

场次	日期	直播时长	用户画像					
			性别分布		年龄分布		地域分布（列举排名前5的地域）	消费需求分布	购买类目偏好
			男	女	占比最高	占比次高			
1									
2									

续表

场次	日期	直播时长	用户画像						
			性别分布		年龄分布		地域分布（列举排名前5的地域）	消费需求分布	购买类目偏好
			男	女	占比最高	占比次高			
3									
4									
5									

表8-10　直播流量数据分析

场次	日期	直播时长	直播流量数据			
			在线人数	新增粉丝数	在线人数峰值	直播穿透率
1						
2						
3						
4						
5						

表8-11　直播互动数据分析

场次	日期	直播时长	直播互动数据	
			弹幕热词（列举5个）	平均观看时长
1				
2				
3				
4				
5				

表8-12 直播转化数据分析

场次	日期	直播时长	直播转化数据						
			产品展示次数	产品点击次数	成交转化率	成交人数	客单价	转化率	UV价值
1									
2									
3									
4									
5									

再次,小组成员详细回看直播流程,总结直播过程中存在的问题,提出改进措施,将表8-13填写完整。

表8-13 直播过程存在的问题与改进措施

场次	1	2	3	4	5
日期					
存在的问题(列举3个)					
对应岗位/职责					
复盘总结					
改进措施					

最后,对直播间的用户画像数据、流量数据、互动数据、转化数据等进行分析,提出改进措施,并撰写复盘总结,将表8-14填写完整。

表8-14 直播复盘总结

直播场次:	直播时间:	记录人:	记录时间:
用户画像数据			

指标	情况简述	复盘结果	改进措施
性别分布			

续表

年龄分布			
地域分布			
消费需求分布			
购买类目偏好			

流量数据

指标	情况简述	复盘结果	改进措施
在线人数			
新增粉丝数			
在线人数峰值			
直播穿透率			

互动数据

指标	情况简述	复盘结果	改进措施
弹幕热词			
平均观看时长			

转化数据

指标	情况简述	复盘结果	改进措施
产品展示次数			
产品点击次数			
成交转化率			
成交人数			
客单价			
转化率			
UV价值			

本项目学习效果测评

知识测评		
知识点	评价指标	自评结果
直播复盘	复盘内容	□A+　□A　□B　□C　□C−
直播复盘	数据收集和处理	□A+　□A　□B　□C　□C−
直播复盘	复盘报告	□A+　□A　□B　□C　□C−
能力测评		
技能点	评价指标	自评结果
进行直播复盘	数据收集和处理	□A+　□A　□B　□C　□C−
进行直播复盘	复盘报告撰写	□A+　□A　□B　□C　□C−
素养测评		
素养点	评价指标	自评结果
思政素养	职业道德要求	□A+　□A　□B　□C　□C−
思政素养	法律法规要求	□A+　□A　□B　□C　□C−
薄弱项记录		
我掌握得不太牢固的知识		
我还没有掌握的技能		
我想提升的素养		
教师签字		

参考文献

[1] 汪永华,郑经全.直播电商运营[M].北京:北京理工大学出版社,2020.

[2] 王译妮,高婷.初创型企业借助直播电商运营的策略研究——以A企业为例[J].商展经济,2023(17):62-65.

[3] 许永坤,李晶,邱晓丽.企业品牌自播的直播电商供应链精细化运营研究[J].信息产业报道,2023(6):79-81.

[4] 齐欢欢,惠银银,郭洋洋.浅析私域流量时代的直播电商运营[J].今日财富,2020(24):59-60.

[5] 王万梅.乡村振兴背景下农产品网络直播课程教学实践研究——以抖音平台直播电商运营实务为例[J].滁州职业技术学院学报,2022(3):81-84.

[6] 李丹,王亮.职业院校直播电商课程活页式教材的开发[J].学园,2023(22):67-69.

[7] 郑丽媛.新经济、新职业背景下的职业培训教材开发——以《电商直播》专项职业能力培训教材为例[J].中国培训,2020(12):2.

[8] Wang Z,Gu J. Research on the Marketing Mechanism of E-commerce Live Broadcast-Based on the Perspective of Brand Value Co-Creation[J].管理科学与研究:中英文版,2022,11(5):56-61.

[9] Hou Fengju. Analysis on the Development Trend of E-commerce Live Streaming[J]. Learning and Education,2021,9(4):194-195.

[10] 吴冰,宫春雨.基于信息系统成功模型的电商直播研究——以淘宝电商直播为例[J].商业全球化,2017(3):37-45.

[11] 冯华.直播电商产业存在的问题和治理对策[J].人民论坛,2023(6):104-106.

[12] 邢鹏,尤浩宇,樊玉臣.考虑平台营销努力的直播电商服务供应链质量努力策略[J].控制与决策,2022(1):205-212.

[13] 郭全中.中国直播电商的发展动因、现状与趋势[EB/OL].[2020-08-29].https://www.sohu.com/a/415493412_375507.

[14] 李舒,黄馨茹.传播学视域下的直播电商:特征、壁垒与提升路径[J].青年记者,2020(3):43-45.

[15] 黄楚新,郑智文.回望2019:中国传媒业的新变化、新问题及新趋势[J].传媒,2020(1):9-14.

[16] 张英浩,汪明峰,汪凡,等.中国直播电商发展的空间差异与影响机理研究[J].地理科学,2022(9):1555-1565.

[17] 蓝新波,赵建保,李冬睿.直播电商平台推动农产品销售升级及促农增收效果研究[J].中国商论,2023(14):45-48.

[18] 王丹.直播电商平台助推长春市乡村冰雪旅游发展的策略[J].山西农经,2021(19):160-162.